流通業の「選択」

下一代零售连锁的
7个经营思路

［日］岛田阳介 著

初相娟 译

人民东方出版传媒

People's Oriental Publishing & Media

东方出版社

The Oriental Press

目　录
CONTENTS

前　言

　　本书是一本只有问题没有答案的书籍。其实所谓的"经营书"，大多数都是以"教授即学习"为前提的。尤其是与流通业相关的经营书籍，这种倾向更甚。

　　有的经营书甚至是先定好答案，然后想办法把读者引到答案上，故意提出问题。

　　其实经营书籍不应该是教授"答案"，而应该只提出问题，让读者去寻找答案。不过为什么好多经营书还是要给出答案呢？因为读者喜欢这样的"学习"，这些经营书会去迎合读者的喜好。

　　思考问题的确很难，如果只是看看答案、背诵一下、应用一下，这样的学习方式当然轻松。那么这些让读者轻松的经营书，是真正的经营书吗？

　　答案是否定的。本书与那些经营书不同，本书注重发现问题。因为决定经营成果的最重要的因素，是我们要做决策，要在决策中确定什么才是真正的问题，是否要去解决这些问题。只有发现了问题，我们才能去解决。

　　当然，既然本书是经营书，就会或多或少给出一些解答，但仅仅是"或多或少"的解答。我建议各位读者，首先探讨一下书中提出的问题是不是真正的问题，然后再去寻找答案。我在书中给大家的一点点提示或答案，不过是一个参考而已。

只是一味地"教授""学习"的经营书，真的是不实用。就好比我们读应试书籍一样，读应试书籍其实算不上真正的读书。

自己想出来的答案才是真正的答案。我在此也建议大家多去看看像本书这样不让大家陷入单纯的"教授""学习"模式的经营书籍。

岛田阳介

第 1 章

独特且专业化的流通业"大获全胜"
一般且综合化的流通业"一败涂地"

1 "7-ELEVEn" 真的是一个代表性的成功实例吗？

<"7-ELEVEn" 与迄今为止的流通业的成功案例截然不同>

首先我们从一个坦率的问题入手。现在提起流通业、连锁商店（chain store，以下简称连锁）相关的成功事例，大部分的商业书籍以及与商业相关的报刊必然会以 7-ELEVEn 为例。似乎也没有人对此怀有疑问。

7-ELEVEn 确实是为众人认可的划时代的成功案例。本书也屡次提及 7-ELEVEn。但可以把它看作流通业、连锁业里具有"代表性"的成功案例吗？这是不是太贴近经营了呢？

让我们一起回顾一下，迄今为止，有哪些流通业的成功案例。日本国内，首先是"二战"以前的三越百货，接着是"二战"后倡导"流通革命"的大荣（Daiei），以及追随其后的西友商店，伊藤洋华堂，永旺百货（AEON）的前身佳世客（JUS-CO），麦凯乐，还有像 UNY 株式会社等大型商店，以及关西超市等世界知名的超市。

而在美国，有梅西百货（Macy's），打造了庞大连锁超市的太平洋与大西洋茶叶公司（A&P）和西夫韦（Safeway），西尔斯（Sears）大众百货商店，还有大型连锁折扣店凯马特（Kmart）以及倡导独霸世界的沃尔玛（Walmart）等成功案例。

日本和美国成功案例的相同之处是这些案例的店铺都是"综合性店铺"。什么是"综合性店铺"呢？即虽然没办法做到商品一应俱全，但是只要有一家店铺存在，就可以满足生活所需。那么7-ELEVEn可以做到这一点吗？不能，7-ELEVEn所能做到的，只是提供有限的生活所需。

至此，即使您毫不质疑地认为7-ELEVEn是成功的案例，但如果把它作为最成功的案例，您就未免心生疑问了吧。

<选择超市，还是选择7-ELEVEn>

如果从"经营"这一视角来看，7-ELEVEn可以说是划时代的成功案例。但是一旦从"生活"或者是"顾客"的角度来看，只有7-ELEVEn被选为成功案例，必然会令人心生疑惑。

为了弄清楚这一疑惑，让我们设想一个极端的例子。假设这里有个一万户住户的居民区，目前有一家超市和一家7-E-LEVEn。我们在此制订一个不合情理的规定，规定每一万户居民区内只能有一家流通业的店铺，也就是说超市和7-ELEVEn不能同时存在。此时，居民们会希望哪家店铺留下来呢？

请您把自己设想成一位顾客，您会如何选择呢？超市，虽说档次低了点，不过大多数居民还是会选择超市，而不是 7-ELEVEn 吧。

如果只留下 7-ELEVEn，我们可以享用到黄金面包、7-ELEVEn 的咖啡以及关东煮，还可以买到周刊杂志、各类饮品、饭团、便当等。但是，刺身、牛排、盐烤秋刀鱼以及日式牛肉火锅却是没法吃到了。

如果只留下超市，超市里的面包、咖啡、饭团、关东煮、便当，口味或许比不上 7-ELEVEn，但至少还能买到，能满足我们大部分的日常生活需求。

回首过去主要以美国为范本的流通业的历史，毫无疑问，7-ELEVEn 是流通业里首个在世界范围内都值得夸耀的、划时代的成功案例。然而，如果暂且脱离"经营"这个有限的视角，把视野拓宽一下看看呢？

只把 7-ELEVEn 当作成功案例，我们的确会觉得有些不妥。那么随之又会有下一个问题，那就是：那些大型商店、综合性的百货商店，商品种类齐全，曾经既是代表性的成功案例，又是流通革新的先锋，如今为何不再是成功的案例了呢？

<购物中心的成功，正是大型商店衰落的缘由>

以永旺百货为首的购物中心的成功，象征着大型商店的衰落、购物中心的兴起。日本从美国直接引进"商业街"模式的购物中心，购物中心内入驻了大型专卖店。

在美国的商业街中，大多数情况下这些专卖店是指广义上的百货商店。美国也不例外，购物中心内的百货商店都渐渐衰落，并不景气。为什么会这样呢？

其实日本也一样。只是日本的百货商店从一开始就没有入驻购物中心的打算，即使入驻了也并不景气。其结果也与美国不同，这些百货商店最终并没有成为购物中心的"领军商铺"。

不过，为了模仿美国的购物中心模式，日本的购物中心为"领军商铺"留出了一席之地，并选定了大型运动品牌店、玩具用品店（Toys "R" Us）、家电专卖店等入驻商场，填补这些空缺。然而，这些店铺都没能成为真正的"领军商铺"。所以购物中心开发商选定了大型商店作为购物中心的"领军商铺"。

那么，这种被选定为"领军商铺"的大型商店的经营是否顺利呢？看看永旺购物中心，购物中心自身的经营十分成功，不过很遗憾，被选定为其"领军商铺"的永旺超市，却不容乐观。为什么永旺超市的经营会不顺利呢？此处正是流通业（连锁业）一提起成功事例，就会以 7-ELEVEn 为例的原因所在。具体解释如下。

购物中心大获成功，归功于各种各样的专卖店。然而被选定为"领军商铺"的大型商店之所以不景气，是因为顾客在这里不能够像在专卖店汇集区那样尽情地购物。说得极端一点，大型商店等综合店的商品，是专卖店商品的一小部分而已。

那么从顾客的角度来说，就没有必要再去大型商店购物了。因为只要在购物中心转转，去专卖店汇集区逛一圈，就能找到自己想买的所有东西了。

<百货商店现在实际上也是购物中心了>

读到这里，可能你已经注意到了，乍一看百货商店似乎与购物中心毫无瓜葛，但其实它们完全相同。

究其原因，如果仔细观察现在的百货商店，你会发现实际上它已经变成购物中心了。说起百货商店，我们脑海里就会浮想起"百货商店地下食品卖场"这个词。百货商店地下食品卖场里汇聚了各式各样的饮食专卖店铺，准确地说，它们并不能称之为食品购物中心。

因为购物中心里，比如说鞋店、饰品店、时装店与入驻的专卖店之间都应该是相辅相成的关系。

而百货商店的地下食品卖场，它们的店铺之间却是竞争对手的关系。比如在某个店里买了便当的顾客，就不会在其他店里购买便当了。可以说百货商店地下食品卖场完全是弱肉强食的竞争。

如果将其与超市的各个卖场进行对比，那就更好理解了。超市里，各个卖场之间并非弱肉强食的竞争，而是相辅相成的关系。顾客们可以在各种各样的卖场购买蔬果、瘦肉、新鲜鱼、熟食和乳制品等。

不过如果不考虑永无休止地互相竞争的地下食品卖场，那就可以说百货商店也是购物中心的一种了。比如，一楼是化妆品和珠宝饰品专卖店的购物中心，那么二楼和三楼是奢侈品牌、名牌时装专卖店的天下，还有入驻的书店、无印良品以及东急手创等。

现在，所谓的"百货商店"，实际上可以说是汇聚了专卖店店铺的购物中心。这样算是一种复古潮流。

百货商店的前身是巴黎的波恩市场，它把各大专卖店集中在一个地方，是现在的购物中心的鼻祖。

<大多数"综合性店铺"都不太景气>

在此，请注意本书中对于"百货商店"和"百货店"是区分使用的。百货店指的是"业种"（"业种"，即行业种类，通常按照经营商品的大类将零售划分为若干个业种，业种强调的是"卖什么"）综合性的店铺，而百货商店指的是商业"业态"（"业态"一词来源于日语，即针对特定消费者的特定需求，按照一定的战略目标，有选择地运用商品经营结构、店铺位置、店铺规模、店铺形态、价格政策、销售方式、销售服务等经营手段，提供销售和服务的类型化服务形态）综合性的店铺，两者看起来相似，其实区别很大。

之前提过的波恩市场就是聚集了"业种"的百货店。目前在美国和日本两地，百货商店其实不是汇集了"业种"，而是汇集了"业态""产品组合"的多样化专卖店。

进一步说，大多数商业街，充其量是些集中了"业种"的旧百货店式的设施，不能算作购物中心。同样，那些处于车站、大厦里的"品牌店一条街"，很多也只是将"业种"略微综合了的设施，准确来说算不上购物中心。

之所以如此严密地区分，并非拘泥于词语的定义，而是因为设施的作用不同。即便同样都是"专业化"，"业种"的专业化和"业态"的专业化也大不相同。当然和本书后面将会提到的产品组合专业化更是大相径庭。

因为在这些店里所能买到的东西，以及通过购买到的东西所能达到的生活水准完全不同。

那么上述的事实，与①将"7-ELEVEn"作为流通业、连锁店的成功事例，②将百货商店和大型商店不再作为成功案例，有什么必然的因果联系呢？

当然有。现在大多数成为成功案例的企业，实际上就是专

图表① 综合化和专业化的实际情况

区分	综合化的方法	开发商	其他
行业	限定商品品种的综合化（例）酒行、文具店、书店等	很多商业街都是自然产生的	不存在领军商铺，事实上行业中也加入了像面包店、点心店、熟食店这样的制造加工业店铺
商业街	限定的行业综合化	大多数都是自然成立的	不存在领军商铺
百货店	行业综合化	百货店企业	有领军商铺
大型商店	品种综合化	本社	有领军商铺
产品组合型专卖店	不同主题的范围、产品群、品种综合化	从商业街里撤出，入驻购物中心	
购物中心	不同主题的专卖店的综合化	开发商	不需要领军商铺
百货商店	不同主题的专卖店的综合化	开发商	
奥特莱斯	不同主题的专卖店的综合化	开发商	不需要领军商铺

※中间粗的横线，将各自的发祥分为战前和战后两个部分。横线以上表示战前，横线以下表示战后。

※"领军商铺"指的是店铺招揽顾客的能力，能决定新开的商业设施的顾客数量的店铺。过去的百货商店和大型商店能够凭借自己的能力招揽顾客。如今日本和美国的购物中心已经不再需要领军商铺。

※百货商店自身既是产品组合，也是开发商。

卖店。不对，准确来说，是某种意义上专业化了的店铺。以前曾经被称为成功案例的店铺大多数都是"综合性店铺"。

之前说到 7-ELEVEn 所能满足的只是有限的生活需求。优衣库、无印良品、东急手创以及时装专卖店也是满足有限的生活需求。

以此类推，实际上超市、药店（drugstore）以及家庭用品商店（home center），它们所能满足的也是有限的生活需求。

<购物中心和 7-ELEVEn 取得成功的原因相同>

超市所能满足的仅是生活中的饮食需求，同样，家庭用品商店所能满足的只是生活中的居住需求，在无印良品的店铺里也只能买到无印良品的商品。由此可见，现在那些成功了的店铺大都是些专业化的店铺，而它们的特点就是"只能满足有限的生活需求"。

由此我们可以明白，7-ELEVEn 的崛起，东急手创、无印良品和几个时装专卖店的兴起，以及那些独具特色的超市、家庭用品商店的成功，汇集了众多专卖店的购物中心的繁荣，其实它们成功的原因都是一样的。

如今，已经变成了这样一个时代：那些独具特色且专业化的店铺，只能满足人们某种有限的生活需求，人们在那儿挑选采购，满足各自的生活需求，而不再去那些放眼一望一应俱全的综合性商店。

虽然同样都是 "综合性"，但是支撑人们生活的不再是曾经的百货商店和大超市这种一般性的综合店铺，而是像购物中心那样汇聚了专业化店铺的 "综合性" 购物设施。

本章的标题 "独特且专业化的流通业大获全胜，一般且综合化的流通业一败涂地"，其意义正在于此。就是说，即使同样都是以 7-ELEVEn 这个成功事例为参考，只是从 "经营" 这个狭小的视角出发看待事物，全盘照抄成功事例，是完全行不通的。

如果不开阔一下视野，转变一下视角，成功案例将不能成为参考。

那么接下来思考几个问题，"独具特色的专业化" 具体指的是什么呢？相反，"一般性的综合化" 又指的是什么？为什么后者不再获得大众的支持了呢？

2 在美国并没有所谓的"业态"

<"业种"转换成"业态"的三种方法>

美国超市的"业态"被介绍到日本之前，日本拥有的只是"业种"。货物根据品种不同，历经生产、加工、流通，将这些品种最终卖到消费者手里，即顾客手中，这样的店铺被称作"业种"。业种会优先处理物品的生产、加工、流通等环节。

"业态"却恰恰相反。它是优先考虑最终的消费者，也就是顾客们的购物情况，再对商品进行备货上架。因此，业态不是业种进化后产生的，倒不如说它的产生与业种没有任何关系。

"业态"这种全新的备货销售方式，与"业种"的区别有三大特征。其中一点就是，它优先考虑顾客们的购物方式，并据此对商品进行备货上架，而并非以物品的生产、加工、流通为优先考虑对象。举个例子，在超市中没有自助选购式的食品店，也没有自选式的蔬果店、鱼店、肉店等业种。

超市是以饮食生活为中心的，里面也汇聚了顾客经常使用，且用完之后必须要进行购买的消耗品。因此超市除了出售蔬菜鱼肉之类的食品，还出售洗涤剂、牙刷等非食品类商品。

第二点就是，因为优先考虑顾客们的购物状况，结果就变成了要准备多种商品，而不是像业种那样只准备特定的单个品种。所以，购买频率就成为了一个问题，这个问题以后会做说明。

第三点是，限定所出售商品的价格范围。比如说超市里会出售一些肉类，但并不是什么肉都卖，所卖的肉的价格范围是在 100 克 200 日元到 2000 日元之间。

比如，将出售的肉类的价格范围限定在 300 日元到 800 日元之间，是业态的备货风格。当然，业种虽然也会采用限定商品价格范围的做法，但从高级点心到普通点心都销售的糕点店，即便是在江户时代也没有吧。

<"业态"中不经意间潜藏着一些关于"业种"的想法>

"业态"这种全新的备货方式从根本上来说，和即将可能被淘汰的"业种"之间还是有着紧密的联系。因此我们不能全盘否定业种。所谓业种，指的是一种商品分类的单位，而这种商品指的是那些无可替代的实用性商品（比如说男士内裤、T 恤衫等）。

业态并不像业种那样，优先考虑物品的生产、加工、流通而进行备货的方式。不过前一页提到的业态基本上暗示着，业态也被理解成业种。

第一点是，最初效仿美国开创业态的人们，认定了综合集中商品品种的方法，能够让顾客们便捷地购物。

商店起初也意识到了顾客们购物的便捷性，然后无意识地用综合商品"种类"的办法实现了购物的便捷性。业种之后的商品"品种"的综合化方式目前依然存在。

第二点就是，在家庭用品商店流行的、通过"购买频率"来进行备货的业态的思维。家庭用品商店同其他业态相比有些非同寻常，它特别关注购买频率。其原因是它与美国市场上的家庭用品商店不同，在日本仅做衣食住行的生意是赚不了钱的，需要销售超市、药店、大型商店、专卖店等没有的商品，即第三领域的商品。

家庭用品商店也存在这些问题：不知道准备什么商品，怎么准备。因此他们想出了一种方法就是"购买频率"。比如说超市出售一些回购率高且消耗量大的狗粮，而家庭用品商店销售购买频率相比不是很高的宠物狗玩具、用品等。

宠物店里，会出售所有与宠物相关的商品。而家庭用品商店，并不销售宠物食品，而是宠物玩具和用品。乍一看，似乎并没有"业种"的概念，但是玩具、用品等也是业种之一，只是业种没有呈现在表面，而是潜藏于业态之中。

<价格范围的思维陷入了 "业种" 的陷阱>

第三点就是，价格范围这种认识商品的方法也无意中引用了 "业种" 的思维。

日本的流通业是通过在美国视察学习而发展起来的，在学习的过程中，视察小组会总结 "商品构成图表"。这个图表的纵轴是商品陈列量，横轴是价格线，用来调查多少价格的东西有多少陈列数。

比如说这个图表是关于高筒袜的，上面标着一双 3 美元的袜子有几双，一双 5 美元的袜子有几双。这样一来我们就可以根据每条价格线，清楚这些高筒袜卖了几双，该把重点放在哪里。

根据上述想法，重新审视一下我们公司的袜子、T恤、毛衣等服饰的备货，这些商品从价格昂贵的到价格低廉的应有尽有，这样未免有些凌乱，肯定卖不出去。于是那些还有业种遗风的店铺以此为启发，开创了划时代的备货方法。

这里说的高筒袜这个商品，红色也好茶色也好，有设计性的也好素色的也好，都只是基于价格线这个视角来考虑的。不经意间忽视了我们把商品看成是 "高筒袜" 这一商品种类的事实。

之后，以超市为首的业态，一个接一个地引入了业种开始售卖服饰，变为超级商店，然后再加入家电和家具等相关用品变为大型商店。这些店铺的规模不断扩大，因为它们需要多元化的备货方式。

在"业态"的想法里，把其他行业销售的商品种类一个接一个地集中到自己店铺，这种做法称为品种掠夺。许多业态的店铺变成攫取专卖店的精华，一般性、综合化的店铺，其实就是陷入品种掠夺的陷阱里了。

如果同样都是综合化，只有扩大产品线，并增加商品种类，使店铺店面扩大，在竞争中才能处于优势。所以，大型商店会在全国范围内发展起一系列的连锁店铺。

<美国有的只是"个性化"经营，而不是多元化的"业态">

其实大家对业态有很大的误解。即使在今天，大多数人还是认为去了美国就能看到多元化的业态。但美国至今也没有出现过多元化的业态，美国有的只是"个性化"经营。

美国的超市不是多元化业态，而是以 King Kullen 超市的个性化形式产生的。其后发展成了连锁形式，比如太平洋和大西洋茶叶公司（A&P）、西夫韦以及克罗格等。药店也是从美国沃尔格林公司（Walgreens）发展而来的。据统计，同样都归属于超市的韦格曼斯食品超市（Wegmans）、克罗格（Kroger）超市，经常被误认为是同一业态的店铺，其实完全不同。

以上这些美国的个性化经营的公司，都不是以业态来挑选商品种类的。比如说创办 5 美分、10 美分商店的沃尔沃斯（Woolworths），将所有商品都冠上了自己公司的主题，形成了与众不同的商品。甚至连药店里都不单纯售卖药品，也开始售卖碳酸类清凉饮料。

因为在美国是不存在"业态"的，只有"个性化经营"。所以在以购物便利进行竞争的业态当中，无非是程度上的差异。在竞争激烈的美国，无论是以前还是现在，都无法凭借这种差异进行竞争。

日本之所以把业态作为综合性的商品种类来学习并取得了巨大的成功，是因为在日本本来就只存在业种，日本要快速斩断传统的业种，需要把美国当成理论典范来学习。

具有代表性的例子是日本的家庭用品商店。因为家庭用品商店当初采取了业态的点子，通过"购买频率"，对商品种类进行综合化。但是现在这些家庭用品商店，变成了一种只存在个性化经营的行业。现在我们提起家庭用品超市，就会想起 Joyful Honda、东急手创、Komeri、家迎知（Cains）、京业 D2 这些店铺，每个都是独具特色且专业化、个性化经营的超市，超市名字本身也变成了一个独特的专有名词。

<7-ELEVEn 不是便利店>

放眼日本的其他店铺，它们并不是从业态发展成为个性化经营的，而是和美国一样，都是先有个性化的店铺经营，而后形成了行业。像这样的例子有好几个，比如百元店。

百元店并不是从"百元店"这个业态开始的。而是首先"大创"这种个性化经营的先例兴起，紧接其后，其他百元店开始效仿大创，比如 Can★Do。

说起百元店，实际上它和家庭用品商店是一样的，不存在诸如"百元店"的业态以及行业，有的只是像大创和 Can★Do 的个性化经营。

不过媒体的播报，仿佛刚开始就存在"百元店"这种形式，一直以"百元店"来称呼。

当我们提起从个性化经营开始的业态、行业的典型事例，首当其冲的应该是 7-ELEVEn。其实很多人都对 7-ELEVEn 有着误解，7-ELEVEn 的业态实际上并不是便利店，甚至它还否定了便利店的存在。

当初美国的 7-ELEVEn，的确是便利店这种业态。而日本 7-ELEVEn 从最初邂逅美国 7-ELEVEn 时，就拒绝成为美国 7-ELEVEn 那样的便利店。这也是日本的 7-ELEVEn 最初成功的原因所在。

7-ELEVEn 从创立开始至今始终贯穿的理念,并不是便利店这种业态,而是一直以来都持续着的个性化经营,这也是一个个性化经营的典型事例。

7-ELEVEn 成功之后,受其启发、影响,罗森、全家等连锁便利店也相继创立。于是媒体将它们统称为便利店,因此,会有错觉认为便利店这种业态本来就存在。

既然罗森和全家这些便利店,想在一个商圈内和 7-ELEVEn 进行竞争,其前提就是这家便利店是个性化经营。因为在便利店这种业态下,不可能将同样的商品通过低廉的价格区分开。

<最初的业态 "超市" 所面临的难题>

日本最初从美国引进的业态,就是超市了。超市这种业态,从引进初期,就一直背负着一些难题。什么样的难题呢?我们将其与超市以外的业态,比如药店、建材商场、大型商店、时尚专卖店等比较一下,就会明白。

当然,日本是从美国引入业态的模式,生搬硬套的话,引入的业态在日本也发展不起来。但是,药店是例外。因为药店只需售卖药品、与健康相关的保健品以及化妆品,所以日本的药店大多数都和美国一样,在店内售卖一些本土制造商生产的国产药物。

药店从美国引进业态，我们面对的是如何运营。药店、化妆品店这些行业，改变商品的备货方式就可以。家庭用品商店也是一样。至于五金店、杂货店、运动用品店以及文具店，只需改变商品种类的备货方式，就能改善经营。

　　而大型商店，只要集齐更多更广的商品种类就好。时尚专卖店则需要把在衣料店、洋货店和百货商场出售的商品，比如那些年轻时尚品牌、简单时尚品牌等进行重新备货上架。

　　不能忘记的是，在这些业态当中，有一个称得上绝好的借鉴范本。它就是作为最初的先驱者进入日本的超市业态。所以，先不论好坏，可以说从美国进口的超市以外的业态，正是有了超市作为范本，才能够顺利发展吧。

　　不过仅凭超市一个业态的力量，还是没法达到现在的高度。当然超市是最初的引入业态的先驱者。影响更大的还是日本与美国两国间生活的差异。

　　比较日本和美国的生活时，服装和居住方面要做"减法"，饮食方则需要做"加法"。

<减法的"衣""住"，与加法的"食"之间的差异>

　　"减法"指的是什么？比如说日本的居住生活，在由被褥到床，榻榻米到地板，隔扇到门的过程中，在向着西方化的趋势发展。与此同时，住所里传统的"和风"逐渐消失，也就是居住生活做了减法。但进房间要脱鞋、要泡澡等习惯还是保留了下来。

"衣"就更不必说了，牛仔裤、T恤衫、外套和夹克现在都是很普遍的商品了。但是，人们忽视了和服等传统服饰的衰落。

饮食生活与前两者相反。日本人现在能享用到牛排、沙拉、红酒、汉堡等美食，但也不能抛弃传统的美食，比如生鱼片、寿司、饭团和腌萝卜等。现在只有饮食生活不是在衰退，不是在做减法，而是在不断地做加法。

曾经是日本爸爸们经常打翻的传统矮脚饭桌，被餐桌和椅子取代，但现在饭桌上摆着的依然是生鱼片、烤鱼、腌菜、煮菜、味噌汤和米饭，未必会被牛排和沙拉这些西餐所取代。

因此，创立超市的人即便不情愿，也不得不面对的一个问题就是超市的形式和内在。可以从美国学习到超市这种备货的形式或者方法，但不能直接引进其内容，即不可以把美国的食品直接引进到日本。

比起其他业态，超市这种业态的备货内容，在日本与美国之间的转换，需要符合日本的实际情况。特别是在超市刚成立的时候，那时候日本人的饮食生活与现在相比大不相同，当时日本人的生活并没有怎么西方化。

不管是美国还是日本，当时都在靠近超市的入口处售卖蔬果。但是美国的蔬果是做沙拉时用的，而日本的蔬果是用于煮菜、涮火锅、做料理的配菜等。

这种转换过程绝对不是没有用的。正是因为这些经历，其后超市挑战了"产品组合"这种全新的备货方式，开拓了"个性化经营"。

3 从"业态"到"产品组合"的转换

<"形式"和"内容"的探讨>

基于上述缘由我们可以明白，对超市来说，必须灵活转换美国的业态的"内容"。

但其实业态这种备货方法，也就是"形式"，也需要灵活、恰当地转换。

话说回来，不仅是超市，其实还有很多企业当初在向美国学习的时候，也遇到过同样的问题。比如像"大和和服"和"长谷川佛龛"这两家企业，就认识到商品种类之间的根本差异，从而有意识地重视"商品种类"这个概念，而不轻视它。

不过这两家企业已经超越了超市，它们的"内容"（即日本生活的实际情况、商品种类）是有差异的，这一点是显而易见的。全新的流通业是以美国为蓝本，但是我们该参考什么，如何去做呢？或许对此最为苦恼的，恐怕还是大和和服和长谷川佛龛这两家企业吧。

我们知道美国有值得借鉴的东西，但是应该去学习它的什么地方，又如何去学习呢？抑或是不去向美国学习经验，而是应该把商品种类套进行业模式里去销售？我们一直都清楚，这两家企业从一开始就不是单纯的行业，看看美国就会知道，到现在还固守行业思维的企业，只会一味止步不前，直至衰落。

我们还是有必要学习美国的成功之处。那么怎么去学习比较好呢？从上文可知，这两家企业和超市面临过同样的问题。超市的确从美国学到了一点东西，与此相比，这两家企业更需要认真品味"学习"这个词的真正含义。

这两家企业经营的商品种类与美国不同，它们应该向美国借鉴的东西是备货的思维方式，也就是备货的形式，并不是备货的内容。那么如何做才能够学到美国的备货形式呢？

不借鉴备货内容，只借鉴其形式，又会怎么样呢？

<能学到的只是"形式"，而非"内容">

这两家企业是很幸运的，因为不管对什么样的企业来说，能从美国学到的都只是"形式"，而非"内容"。所以认为内容方面也有东西可学的想法，的确比较危险。

超市也和上述两家公司一样幸运，因为超市乍一看好像存在商机，但确实不能完全照搬别人的，所以说可以学习的只有形式。

事实上，向美国学习的不止是日本一个国家。欧洲那些国家也向美国借鉴取经。后来欧洲诞生了一种大规模超市，而这种超市在美国和日本都没有。不过欧洲国家尽管与美国的生活习惯以及其他方面有着许多共同点，但它们一直向美国学习模仿的也只是形式，也就是思考方式、看法，而不是内容，并由此建立了自己的商业体系。

这么说或许有点唐突，其实 7-ELEVEn 的成立过程也和欧洲的大规模超市完全一样。

它只是以美国 7-ELEVEn 为参考，内容就不用说了，甚至连形式也不借鉴，完全是靠自身的力量成立的。

然而，正是自力更生这一点，是我们应该向美国的成功流通业学习的要点。话虽如此，完全没有头绪也是到达不了这个高度的。日本的 7-ELEVEn，就是先以美国的 7-ELEVEn 为反面教材，接着凭借自己的力量站稳了脚跟。

综上所述，无论是 "大和和服" 还是 "长谷川佛龛"，它们应该向美国借鉴的不是 "业态"，而是学习生活方式的产品组合，琢磨如何成为 "个性化经营"。

那么这种生活方式的产品组合是什么呢？产品组合又与 "业态" 有什么不同呢？产品组合为什么会成为推动这两家公司和超市实现个性化经营的关键呢？

思考这些问题，首先我们要从超市学习业态这件事情上入手，接着我们需要探讨其在这个学习过程中遇到了什么样的问题。

<"业态"的陷阱——同质化>

从创业之初我们就知道，灵活转换不同国家之间的饮食生活是很有必要的，我们对"业态"这种形式毫不存疑，这也是一种发现。事实上，这样的业态大获成功。

但是随着店铺的数量不断增多，有个问题显露了出来。那就是无论哪个超市，最终都逐渐趋近相同。大多数超市，都变成了如文字所述的"业态"超市了。

现在也只有超市这一行业对业界其他公司的考察极其热心了。因为他们认为，参考这些考察结果，能够认识到彼此之间的相似之处，也能够迅速吸收其他公司的优秀之处。

应对这种同质化的解决方法有两种。第一种是通过价格拉开差距，也就是廉价竞争。但是要想做到薄利多销，营业额规模至少要达到能够与供销商进行批发交涉的大小。

有时薄利多销在品种竞争上或许有用，但是在与其他超市的竞争对手进行衡量时，尽管减少利润能够促进商品销售，但是很难达到高额的销售量。因为业界内其他公司也采取了同样的廉价销售方针，所以廉价竞争最终只会导致它们陷入不断削减利润的泥潭，这是价格竞争的消耗战。

我们可以知道，扩大营业额的规模不是一件轻而易举的事情。流通业要想扩大营业额规模只有三种办法：①增加店铺数量；②开设店均营业规模都较为庞大的店铺；③采取并购制度。

如果像制造商、供销商那样，通过发布划时代性的新产品，在全国范围的市场一夜上市，并一口气扩大营业额，这个方法并不适用于流通业。

但是，这一点正是促使其与业界其他公司采取同一业态，以及模仿其他公司优秀之处的原因。比如九州的公司即使模仿北海道的公司也没有任何障碍。这是因为目前两者之间没有竞争关系。

也正是流通业，才能模仿像美国那样的其他国家的"超市"这一业态。但是随身听、iPhone 就不是模仿能够做到的了。

<通过磨炼强化部门、品种的技术，来留住部门和品种>

综上所述，与超市界的同行之间进行差异化的办法就是，强化主力军——部门和商品品种。其中极具代表性的事例就是磨炼"鲜度管理"这一技术，而这种技术是以活鱼保鲜为主的。

当然现在对于超市来说，需要进行鲜度管理的不仅仅是活鱼一类。不过，在与备货形式相同的其他公司之间的差异化竞争中，鲜度管理确实是一门有效的技术，虽然它不能改变顾客们的购物和生活。

举个或许有些奇怪的例子，其实这一点与陶瓷器世界的原理相似。制陶技术发展到曲尽其妙的地步，就出现了很多九谷烧、有田烧这样的有名瓷器。专注于制陶之路的名门大家也不在少数。但是尽管陶瓷器的技术十分发达，但是把制作出来的东西按品种来说的话，最后也不会超过酒器、茶具、餐具、插花容器这一类的范围吧。

技术这种东西，只有在一个固定的框架之下，才能往深处进行发掘探索。换句话说，深入探讨某种技术的话，其原理也就是框架会渐渐固定成型。

美国超市里不贩卖活鱼，所以鲜度管理技术无法以美国超市为蓝本，它也是一门划时代的技术。但正因为如此，它的部门、商品品种这一框架才是固定的。

所以归根结底，日本的超市向美国学习备货的"形式"，上架一些经常使用的生活必需品和消耗品，最后转变成了备货这一"业态"。

同时，超市的"内容"也按符合日本饮食生活的形式恰当地转变了过来。然而它的内容确实与原先的行业有差异，所以最终变成了像活鱼、蔬果、瘦肉等"部门、品种"综合化的备货形式。

比如，通过磨炼像鲜度管理这样的技术，最终 "部门、品种" 这一框架会渐渐固定成型。

能够间接证明这句话的事实就是，如今日本超市的店铺、柜台、陈列与当初从美国学习模仿来的样子差不多，基本上没有什么变化。

<超市的店铺、柜台为什么没有变化呢?>

无论哪家超市，都会在入口处摆放冷藏柜，其中放着水果和蔬菜。超市内的通道是笔直的，拐角处呈直角形的转弯，转弯之后又是直线型的通道。货架上的商品都是吊篮式地上下陈列。大多数超市都是千篇一律，看看下页的照片就一目了然。

其原型出自美国。近五十年，我们在忠实地学习美国的超市形式。当时美国的超市确实是采用这种形式。但之后的美国超市随着时代的推进，发生了巨变。

于是后来，美国超市的柜台根据公司不同，演变成各个公司特有的形式。比如，超市的蔬菜水果不一定总是摆放在入口处，它的冷藏柜也不像日本那样呈直线型排列。排列方式普遍使用曲线而非 "直线"，使其形成 "面"。

没有发生变化的日本超市

日本还是像照片所展示的那样,大多数超市的柜台,蔬果、鱼类、肉类,它们的岛状商品陈列台和冷藏柜都是呈直线排列的。现在许多店铺就好像时针静止了一样,仍继续采用从美国进口 "业态" 时期的形式。

这一点令人不可思议。之所以会这样,是因为在世界上再没有像日本超市对美国的考察那么热心的行业了。许多日本的连锁超市企业,会像举办每年定例活动一样组织去美国考察旅行。

美国超市的店铺和柜台,发生了从 "线" 到 "面" 的大转变,但为什么这五十年间,日本超市的店铺、柜台没有发生任何变化呢?

日本超市的备货形式从部门、品种综合化的业态开始就没有发生改变。超市的店铺和柜台其实都是商品配备的 "结果"。只要备货这个根本 "原因" 不变,超市的形式也不会发生变化。

不单单超市是这样的。时装店、家具店、药店和家庭用品超市也是这样的。

<改变美国超市的餐饮产业>

那么美国的超市从业态出发,为什么要改变备货形式,又是如何改变的呢?先说结论,美国超市从关注快餐解决方案

（饮食生活解决方案）这个产品组合的主题开始，并以此为契机，使备货形式发生了转变。最终，超市内的店铺和柜台在排列上也发生了从线到面的转变。

那么这种快餐解决方案或是产品组合到底是什么呢？

当时的美国超市被两个问题所困扰。其中一个问题与日本超市所面临的相同，那就是在业态这种备货形式之下，不管是哪个店铺最终都会变得千篇一律。

解决同质化的方法只有一个，那就是上文已经提到过的薄利多销的廉价销售方针。不过与日本不同，以肉食为主的美国，"鲜度管理"这种分门别类的技术并不发达。也因此促进了以扩大企业规模为目的的并购制度的推进。

但是，另一个问题更为严峻。那就是以快餐文化和家庭餐馆为主力的餐饮产业的急速成长。显而易见，人们如果热衷于吃快餐，相应地就会降低在超市购物的频率。薄利多销和并购制度是业界的一块蛋糕争夺战，而饮食行业的进军意味着这块蛋糕的减少。

因此，超市重新思考了为什么餐饮业备受欢迎。由此明白了这样一个事实，超市平时售卖的是餐饮用的食材，也就是将食材以食物的形式进行出售，而餐饮业主营餐饮，正是如此才得到了顾客们的大力拥护。

由此可见餐饮业发展得如火如荼的原因就是，它在"食物"

美国超市的餐饮解决方案

里提出了合适的理念。所以超市也应该效仿餐饮业的做法，在餐饮上而不是食材上多下功夫。

综上所述，美国超市的备货方式经历了一个巨大的转换，其过程是从食材分门别类、商品品种综合化这样一种业态，转变为提出餐饮这种新思路的产品组合。其具体表现是：经营的食品变成了沙拉而非生菜、出售烤牛肉而非生肉、销售三明治而非面包、贩卖汤而不是汤的材料。

<韦格曼斯食品超市东山再起的秘密>

韦格曼斯食品超市是个绝佳的例子。当时的韦格曼斯，在为中等规模的地方连锁产业陷入不良状态而焦头烂额，这也是一场与大型连锁产业之间的价格竞争。当时的情况不容乐观，韦格曼斯食品超市也危在旦夕。

韦格曼斯超市的高层们偶然间拜访了日本，他们看到伊藤洋华堂的副食品柜台时，顿时眼前一亮。因为他们发现这正是关于餐饮的一个崭新理念，超市提供的是食品，而非食材。

正如日本超市从美国吸收业态理念时一样，不是生搬硬套美国的做法，而是在内容上进行了贴合国情的恰当转换，韦格曼斯食品超市也是如此。依葫芦画瓢地盲目模仿伊藤洋华堂的副食柜台是行不通的，而是将伊藤洋华堂转换成贴合美国大众的一种形态。

这对为价格竞争所烦恼的韦格曼斯来说，是一个巨大的启发。食材这样的商品品种，无论是价格还是品质都很容易进行比较。

不过如果菜单里的菜肴种类变成了烤牛肉、变成了沙拉，因为需要考虑口味与食材的组合、需要考虑沙拉调料，所以就很难比较价格和品质了。这是由于这道沙拉是韦格曼斯的特色菜，需要格外下功夫。

当初韦格曼斯的领导阶层看到了伊藤洋华堂的副食品柜台后想出来的妙计，其后变成了韦格曼斯超市的生存之道。

将上文所说的菜单中的菜肴品种冠以主题，再另外创造几种新菜，然后将其开展成几个柜台，这为韦格曼斯超市打开了一条活路，这也是韦格曼斯的餐饮解决方案（菜单中的菜肴提议）的开端。

颇有意思的是，当时的伊藤洋华堂并不是像韦格曼斯想的那样经营着副食品，它不过是按老一辈传承的那样在经营而已。

但是，若当时的韦格曼斯超市的领导们并没有在为经营而烦恼，那么即使目睹了伊藤洋华堂的经营面貌，也不会灵机一动，想出一条东山再起的妙计吧。正是因为当时走投无路，才抓住了灵感。

采用了韦格曼斯的食品方案的柜台

<只有完成了业态到产品组合转换的企业，才能脱颖而出>

韦格曼斯超市实现的是这样一种转换：从刚开始的"超市业态"转变为独特产品组合的"个性化经营超市"。然而，不仅超市是这样，在和超市完全不同的领域内也发生过同样的转换。

无印良品是再好不过的例子。确实，它看起来就像无数商品的大集合，若用商品品种的目光来看无印良品，那么可以说它从笔记本到男士内裤、糖果、沙发，还有冰箱和橡皮，大大小小的商品都一应俱全了。

但实际上，无印良品冲破了商品品种这一框架的束缚，它只售卖自己品牌的商品，并不卖其他牌子的笔记本、男士内裤、糖果、沙发，还有冰箱和橡皮。

因此，无印良品并不属于任何一种业态，而是属于无印良品自己的产品组合。它有三个特点：①不是把文具、贴身衣物、点心、家具这些商品品种在一起进行售卖；②出售的文具也没有某个限定的价格区间；③从它既卖冰箱又卖橡皮可以知道，在无印良品没有"购买频率"的概念。

很明显"产品组合"这种取代"业态"的理念不是仅在超市可以实行。

比如说时装专卖店以前出售的是流行颜色的女士罩衫，还有流行的 A 字短裙。

过去的时装专卖店，特别是连锁店，备货方式都是将商品的品种进行多元化，同时会为商品划分"价格区间"。因为，这是一种综合了服装的衣料和配件的业态。

但像 GAP 这个品牌，它和无印良品一样，都不是将商品品种进行综合化的一种业态。因为它是一种个性化经营，是一种只出售自己旗下商品的产品组合。非要说的话，它只出售 GAP 这个品牌特有的商品集合、产品群。

<转换成产品组合，才是流通业的技术革新>

虽说商品的备货方法应该已经从原来的"业种"转换成"业态"。但"品种"这种东西隐藏在综合化、购买频率、价格区间这些乍一看比较新颖的词的外衣下，静静地潜伏在我们的意识中，残存在业态里。

但是当焕然一新的产品组合的时代来临，商品品种才算得上销声匿迹了。

在这个时代，如果把店铺当作一种"业态"和同质化业界中的一分子，那么无论多么热心地对待经营也是毫无价值的，只有把它们当成一个独立的个体，才会明白其中的意图和价值。

之前为什么说 7-ELEVEn 不是便利店，只是一种叫作 7-E-

LEVEn 的个性化经营，其备货方式是独立的？到了这里，大家
应该明白这句话的意思了吧。

流通业或连锁产业，从之前的"业种"转换到"业态"，
接着到现在的"产品组合"，这是一个逐渐转变的过程。可以说
从业种到业态的转换是一场革新了。

那么就更应该说从"业态"或者"品种"，到"产品组
合"，也就是自己的商品集合的转变，是一场决定性的技术
革新。

如果从产品组合这场技术革新的角度来看，我们会明白许
多连锁时装专卖店和独特的流通业（连锁产业）经营的本质：
比如 7-ELEVEn、东急手创、无印良品、大荣、大和和服、长谷
川佛龛、Joyful Honda、Komeri、八百幸超市、York 红丸超市、
LIFE 等。

我们有必要全面认识一下流通业的概念。可以把 7-
ELEVEn、大荣、永旺百货、东急手创、大丸、无印良品、超
市，以及那些商店街里的店铺都笼统地归类为"流通业"吗？
这些店铺彼此之间都是不同的。行业、业态以及产品组合的差
异详情，请参考第 2 章。这里先根据第 44、45 页的图表②大致
了解一下流通业的现状。

4 从全新的视角全面认识"流通业"

<"比较永旺与7&I"是毫无意义的>

不单是经营类杂志，在报纸、电视等大众传播媒介上也会经常刊登"永旺与7&I"这样的标题。确实，如果从流通业店铺的角度来看，无论是永旺的商业街还是永旺大型商店，7&I的主要力量7-ELEVEn，以及像伊藤洋华堂这样的大型商店，看起来都是相同类型的店铺。不过我们会发现这种标题只是为了博人眼球。

其实我们应该从经营的角度严谨地看待它们。重新认识它们之后，我们就会明白永旺和7&I是两个性质不同的企业，两者之间毫无比较意义。

比如，永旺本身是向其他企业的专卖店收取租赁费的开发商，它并不是专卖商品的店铺，而是一个大型商店。其汇集了许多店铺，有大型超市、国有品牌，以及那些模仿其他品牌诞生的平价个人品牌。

但是7&I的主要力量7-ELEVEn在创业之初配备的都是国货商品，后来随着店铺数量的增多，店里的商品逐渐变成称作

商店品牌（在 7 - ELEVEn 好像被称为个人品牌）的 "7 -
ELEVEn 商品"，和其他自己制作商品供应计划的商品。

乍一看永旺和 7&I 好像都是从事流通业的企业，但其实两
者之间存在决定性的差异。就像接下来第 4 章所阐述的那样，
如果详细参考了它们的盈利结构，就会发现两者是截然不同的。
永旺的盈利来源基本上都是流通手续费，也就是销售佣金，而
7-ELEVEn 的盈利来源是通过推销商品创造的利润。

我们在这里指出的绝非事物的善恶好坏，而是事物之间的
差异。无论是作为销售佣金的利益还是作为利润的利益，绝非
打上一层金钱的烙印来比较两者好坏。重要的不是急着判断事
物的善恶好坏，而是仔细观察它们的本质，然后进行论述。

<"流通业" 实际上是性质不同的企业的集合>

那么重新认识流通业之后，就可以把那些一般被称为流通
业的企业集合大致分为以下 3 类（见图表②）：

①流通业

②推销业

③开发业

并且，①流通业基本是以流通国有品牌等制造商和经销商
生产的商品为主的企业集合，而不是流通商店品牌的商品。这

种流通业进一步又分为①-1 从商店起源的店铺流通业和①-2 网络流通业两类。

其中的从商店起源的店铺流通业又可以分为①-1-1 业态备货型的连锁流通业、①-1-2 由商业街构成的行业流通业这两类。

另一方面，②推销业又可以分为②-1 每日推销业、②-2 以制造商和经销商为主体的技术革新推销业两类。

③开发业可以分为③-1 购物中心业、③-2 车站大楼、百货大楼、名店街等店铺的集合这两类。

乍一看这些分类比较烦琐，其实并非如此。通过这样整理分类，我们会明白，流通业实际上就是这些看似相同、却又各自有着不同特征的企业集合。

<不可以相信"业界"的分类>

在图表②中首先需要注意的是，永旺和 7&I 是两个性质不同的企业。

同时，正如前段已经提及的那样，第二点需要注意的是：尽管像永旺那样的连锁产业和商业街的店铺，同样都是从商店起源的流通业，但是它们的商业模式完全不同。

第三点，其中又加入了全新的网络流通业。而且大部分网络流通业经营的都是其他公司规划的商品，这一点和流通业的代表——永旺相同，如在第6章会阐述的那样，它们在销售方法上存在决定性的差异。

第四点，同样都是销售规划业，如同在第4章会详细阐述的那样，以店铺为主体、实行产品组合的每日销售规划业，比如无印良品、7-ELEVEn，以及像苹果公司那样的以创新型为产品主体的公司，这些制造商、供销商型的推销业，其实都是许多截然不同的企业的集合。

每日销售规划业具体是什么样的产业呢？它是以附近经常（每天）来这里回购商品的顾客为对象，提出产品组合的理念，然后以这种产品组合为主，以自营店铺品牌为支柱，在这些基础之上实现的企业集合。

第五点，仔细观察开发业，会发现永旺商业街和奥特莱斯是截然不同的两个产业，购物中心和车站大楼、百货商店、名店街也是不同的。

综上所述，我们是不可以相信业界的分类的。而且这些差异能够在今后开展各个企业的战略和行动之时，比如说看到收购、商品战略、个人品牌、开设新店以及向网络发展等新闻的时候，成为明确今后观点的线索。第6章会提及，无印良品和亚马逊虽然同样都在网络上销售商品，但是两者之间存在决定性的差异。

图表② 全新的"流通业"的分类

大分类	中分类	特征	例子
① 流通业	①–1 从商店起源的店铺流通业	①–1–1 连锁店铺	永旺、业态超市、业态药店、业态大型商店、美国的沃尔玛
		①–1–2 商业街	行业
	①–2 网络流通业		亚马逊、乐天的"网购生活"、dinos、Nissen 等
② 推销业	②–1 每日推销业和店铺流通业		7-ELEVEn、快餐型超市、东急手创馆、大和和服、长谷川佛龛、无印良品、优衣库等其他大多数店铺
	②–2 技术革新、推销业 = 制造商、供销商		技术革新型苹果公司
			国有品牌的制造商、供销商
③ 开发业	③–1 开发业	购物中心模式	直销购物中心、永旺百货
		据点型	车站大楼、百货大楼、名店街

（续表）

商品集锦	利润的本质	战略条件和特征
国产品牌以及个人品牌也就是其他公司推销的商品	赚取手续费 + 降低成本	同质化导致的竞争激烈化、相对性的差异化、吸收合并收购的加速、扩大规模竞争
其他公司推销的商品	手续费	拘泥于行业、店铺规模、店铺位置，顾客的目标有限，100 日元的营销策略的局限性
其他公司推销的商品	物流利润	商品范围广泛，包括动画片和电子书籍。以半导体为主体
以自营店铺品牌为主体的产品组合	营业利润	在产品组合的基础上进行推销，个性化经营，在个店商品管理基础之上的推销
自营国产品牌	营业利润	延续技术革新的困难
自营国产品牌	营业利润	制造加工技术、从设备出发的推销
	开发的利润 + 租赁费	限定布局引起的饱和
	租赁费	由于在范围广大的商圈内浮动的顾客目标，展开的竞争激烈化，以及不断的设备更新

关于连锁流通业已经在本书的各处进行了说明，所以在此，我想顺便提一下商业街的问题，这也是因为商业街比任何地方都容易招致误解。

<商业街的成功策略不是招揽游客>

报纸、杂志以及电视等大众传媒，经济评论家、政治家，特别是学者们经常会把"商业街的复兴重建"作为一个重要话题，不过其中99%的例子都是错误的。

把他们举出的大多数复兴的例子归纳一下，其实就是招揽游客，这是因为通过这条秘诀，游客数量会增多。但是他们忘了，游客基本上只是一些只会光顾一次的顾客。

他们好像没有注意到招揽只会光顾一次的游客，这件事本身就是矛盾的。东京的银座可以说是游客众多吧。实际上，即使是银座这么繁华的地方，游客们最多也只会来一两次而已，幸运的是，即便怠慢了这位游客，还会有更多的游客接踵而至，络绎不绝。

其实在银座，那些真正优秀的店铺是不会以招揽"游客"为主的，因为游客反而会给店里添麻烦。其原因是，这些专注于经营的店铺，只会尽心尽力地为那些懂得该店优势的老主顾服务，而且这些老主顾是从全国各地远道而来的。

当游客们络绎不绝、蜂拥而至的时候，还能镇定自若、充满自信的商业街并不存在吧。所以对于那些鲜少光临并且此后不会再来的游客，还是淡然处之比较好。

这是因为，第一，让大多数的商业街都变成人头攒动的商业街是不可能的。因为即使招揽游客是成功的策略这条理论成立，也只能用在极少数的商业街上。而且与此同时，有一点是无可非议的，那就是其他商业街也会陷入困境。那些完全遗忘了这一点并且将其称为成功事例的媒体、评论家们，应该是一些乐天派吧。

第二，即使招揽游客是可行的，并且大获成功，那么效仿此法的其他商业街为了招揽游客，会想出许多妙计，有可能一下子把所有的游客资源都夺走。

因为这些商业街热衷于考察那些成功的商业街，进行效仿学习。另外，究其本质，游客是一些第一次光顾的陌生面孔，而且是只能光顾一次的人。这一点我们想想自己是游客的时候，就很清楚了吧。

<振兴商业街的捷径不是招揽游客，而是留住附近的顾客>

实际上，振兴商业街的成功策略只有一个，那就是招揽住在附近，并且频繁光顾的顾客，而不是将目标放在那些一辈子只来一次的游客身上。

无论是什么样的流通业，必须认识到成功的策略只有一个，那就是：不是那些只会光顾一次的游客们，而是住在附近且频繁来消费的老主顾们，只有他们才能对推动商业街经营起到至关重要的作用。然而商业街变得萧条的最主要原因就是，流通业或是连锁业占据了它的股份。所以他们不得不采取穷极之策，把服务对象转变为那些只会光顾一次且不知姓甚名谁的游客们。这种罕见的成功事例就是他们所说的"成功事例"。

那么如何做才能使原来的那些老主顾回心转意呢？为此，我们采取的临时对策就是，邀请一些连锁店铺，比如优衣库、岛村、BOOKOFF、便利店、中小型超市以及快餐产业加入到商业街中来。

这是因为这些连锁店铺的消费者对象正是那些住在附近且经常来回购的老主顾。若把期望寄托在促销活动上或学者们所倡导的小型集约城市上，那就大错特错了。促销活动包括集会、祭祀、大降价活动、全场均一价的 100 日元大降价活动、大学生举办的临时小卖铺等。

比起不靠谱的招揽游客策略，这些促销活动可能会让人误认为是有效果的。这些活动的最大的特征就是以"临时招揽来的顾客"为销售对象。然而必须要注意到，临时招揽顾客的促销方法和招揽观光游客的方法是完全一样的。

邀请连锁店铺加入商业街也是临时之计。因为，光是如何做到让顾客来商业街消费这一点，就够难的。如果没有顾客来，那么一切都是无稽之谈。所以只好从商业街自身开始改变，寄期望于各种各样的顾客甚至游客、促销策略以及工商会所和政府的预算上是没有用的，把希望寄托于外界环境而自身不进行改变，其结果是一切都将徒劳无功。

这种改变指的是什么呢？首先要脱离地主、房东、店主等概念，通过商品品种、店铺位置、店铺面积、店铺结构等让附近的顾客感受到这些店铺的魅力所在，然后大胆地重组商业街，只有这样才能使商业街重回生机。

5 | 成功事例真的有用吗？

<尽管读了许多本成功事例的书，却依然无法成功>

或许会被认为有点唐突，但是在本章的末尾必须要论述的主题是：成功事例真的能成为参考吗？原因有三点，第一点是本书作为一本经营类的书籍，毫不例外地列举了 7-ELEVEn 等许多国内外的成功事例。

第二点，对经营类的书籍来说，不管是举出一个成功事例，还是全面地论述一个成功事例的时候，都绝对不会提到至关重要的一点：这些成功事例真的能成为榜样和参考吗？

第三点，既然已经举出了成功事例，为什么它能成为参考呢？这一点不就是那些经营类书籍存在的理由吗？之所以有许多经营书籍避开谈论这一点而只是举出成功事例，就是因为他们从开始就认为成功案例能够成为参考。

然而，成功事例真的能成为参考吗？

遗憾的是，我们必须要承认成功事例是成不了参考实例的。这是因为无论哪个事例，大多数都不是参考之前的成功事例而成功的，这是一个事实。

难道 7-ELEVEn、大创、无印良品、东急手创、丸井、八百幸超市、红丸超市，以及美国超市中的沃尔格林公司、沃尔玛超市、全食食品超市、韦格曼斯食品超市、家得宝等，它们都是以成功事例为参考才成功的吗？

的确，美国连锁业和日本连锁业，看上去它们是借鉴了之前的成功事例。借鉴成功事例的企业中，便利店除 7-ELEVEn 外，百元店除大创外，美国超市除了始祖 King kullen、A&P，寥寥无几。即便是参考了成功的事例，这些公司也是侧面揣摩了之前的成功事例，并且独具匠心、自己呕心沥血才获得了成功。

<沃尔玛的成功是因为没有借鉴参考其他同行>

颇有意思的是沃尔玛超市。据说，沃尔玛的创立者山姆·沃尔顿曾经在其自传中提到 "积极地学习其他的店铺" 这句话。确实，沃尔玛超市是以折扣商店这一领先的成功典范为参考的。

但仔细一看会发现，比起学习领先的成功事例，沃尔玛真正成功的理由是没有借鉴过其他店铺。沃尔玛超市有以下三个特点：①其他同行全都选择大城市为商圈，只有沃尔玛选择了偏远地区（孤立的小城市集合地区）；②其他公司以销售情况为参考进行配货，也就是所谓的集中的商品配货方式（被称为连锁理论的理性经营），沃尔玛却实行着密度较高的备货模式；③其他公司强调特价甩卖有多"廉价"，只有沃尔玛主张"天天平价"。如果说沃尔玛创办了其他公司未曾想到的超市，才是它成功的关键，那就不得不说沃尔玛成功的理由，是因为即使它看到了那些成功事例，也没有盲目模仿。

大多数成功事例，实际上都是例外。我们说以前没有"业态"，有的只是"个性化经营"，这也证明了成功事例也都是例外。

在第 2 章我们指出，7-ELEVEn 摒弃了"连锁商店理论"（以下简称为连锁理论）这种统一的连锁售货亭模式，选择了"个性化经营"模式，确实是一个在当时看来成功的可能性极其低的选择，不过这也佐证了"大多数成功事例，实际上都是例外"这句话。

这么一来，其实向成功事例学习就是向例外学习。假如我们借鉴了成功例子、向其学习，而自身不能变成例外，还是没有办法取得成功。向例外学习，是自己变成例外的最合适的方法，这个不大可能吧。

我们也可以说，正因为这些成功事例是例外，它才能成功。这么想来，百元店这一商业模式，即使不是大创，其他公司也能想得出来。但就是率先想到这一模式的大创一举成功了。

<越是详细记载着成功事例的书籍，越不值得参考>

从大创的例子我们可以明白，成功之所以是例外是因为机遇很重要。然而那些总结了成功事例的书籍中不经意间揭示了这样一个道理：在别人出名的时候，机遇已经悄悄溜走了。

的确，目前还会创办新便利店的企业显然是不存在的。虽然 Can★Do 是从大创的百元店得到启发而创建的，不过出现第 2 个、第 3 个 Can★Do 的可能性就极其低了。

从"业种"这个名词诞生开始，不管借鉴哪个成功事例都变得不可能了。因为业种指的是原有企业在几个公司存在的基础之上建立起来的一种体系。

借鉴那些详细说明成功事例的书籍是不可取的。因为事态完全相反，一个成功事例越详细，就越没法借鉴。不过之所以还可以模仿学习美国的超市，不仅因为当时日本没有超市，还因为超市没法直接照搬照抄美国的事例。

首先我们需要明白这样一件事，参考详细记载成功事例的书籍到底是种什么样的行为呢？实际上这就是一种自己不思考、盲目模仿的做法。如果自己不动脑筋，自然也不可能成功。

越是总结了成功事例的书籍，越是和读书、电影、迪士尼乐园一样，会让人们"沉迷"，或者说是比较"容易沉迷"。"沉迷"指的是让你的思考停滞。因为它在带给你快乐的同时,让你的思维变得缓慢甚至停止,然后诱使你放松身心只去阅读、观影、游玩,你会产生一种完成了使命的错觉。

人们沉迷于小说、电影或是迪士尼乐园,但起初人们也知道这些都是虚构的。那些成功事例却不同,他们都是事实,都有金字牌匾的保证,所以从写经营类书籍的人的角度来说,的确很轻松。对于创作追求艺术效果的小说和电影来说,无论如何,只要有一瞬间能使对方相信这是真实的就够了。经营类书籍却与它们不同,因为成功事例肯定都是真实发生过的事情,不需要为了让别人相信这是真实的而花费工夫。然而要想在商业界取得成功,只有一个办法,那就是自己动脑筋想创意。那么,怎么参考记载成功事例的书籍比较好呢?

<那么,怎么参考成功事例比较好呢?>

第一点,我们要明白成功事例既是个性化经营,也是例外,生搬硬套是没有意义的,特别细致入微地借鉴成功事例也是不可取的。只有读了本书这样的经营类书籍才会明白这个道理。

事例越多,越不能称为参考,这一点读了经营类书籍后就会明白。不过那些老实巴交的人会把经营类书籍错认为教科书,从而陷入只要照着书里说的去做就会很顺利的误区。

第二点，特别是经营，以及大力主张的"连锁理论"，虽说只是照着做就行，但切身实践之后才会真实体会到，其实照着书里所说的去做，绝对不是一件轻松的事情。

更何况"照着去做却失败了"，之后自己撇开本书深思熟虑，我们会明白，只明白道理是无法付诸行动的。比如"不建立组织的话就什么也不会"，即使明白这个道理，我们也建立不了组织。

第三点，了解了一些成功事例之后，多多少少也会学到一些思考方式。即使做不到思维上达到一致，至少能明白怎么思考才能把事情做好。韦格曼斯食品超市当初向伊藤洋华堂学习的就是这种思考方法。

第四点，阅读经营类的书籍，姑且能了解一些信息。即使不知道下一步该干什么，至少能知道有什么是不能做的。

第五点，最重要的一点就是了解经营到底做什么。比如推理小说家们，他们曾经都是某部推理小说的读者。他们因为埋头读了推理小说，才成为推理小说家。

不过如果是依葫芦画瓢写出来的小说，是称不上好小说的。小说家们为了掌握写推理小说的方法，也只有阅读推理小说一条路了。所以那些人之所以能成为小说家，是因为他们阅读了大量的推理小说，并掌握了写推理小说的方法。

学习方法，才是阅读经营类书籍的意义所在，才是学习成功事例的真正意义。

<与其学习成功事例，不如学习失败案例>

我想再次告诉大家一个道理，即实际上我们不应该向成功事例学习，而应该借鉴那些失败的案例。就像上面说明的那样，我们明白其实大多数成功事例都是例外，失败案例却不是偶然的。

正是那些失败的案例，才值得我们细致入微地揣摩、探讨。成功了的人或事例是有限的，而失败不是例外，可以说谁都会失败。即使是那些已经成为成功事例的企业，也不能说它们能够继续成功下去。一定会在某些地方吃苦头吧。

这么说来，倒不如以失败事例为鉴。一个很好的例子就是，那么果断且充满斗志、挑战精神的大荣的失败。不过我个人认为，出现在大荣之后的永旺和伊藤洋华堂，正因为和大荣都是同行，所以它们才会对行走在前面的大荣的背影感到不安吧。我觉得它们应该是不想重蹈大荣的覆辙。

同样的情况还有麦凯乐、西友百货公司。比如，永旺对 7&I，过去在日本会说西边的大荣对东边的西友百货公司，其实西边还有永旺百货，东边的伊藤洋华堂是先于西友百货公司出现的。

但是，至少伊藤洋华堂、永旺都没有重蹈大荣的覆辙。与其说这两个公司都没有效仿当时看起来最辉煌的成功事例，不如说它们对可能导致这些事例失败的原因尤为重视。

还有一个最好不过的例子就是 7-ELEVEn。就像之前指出的那样，创立者铃木敏文对目前为止的成功定律 "连锁理论" 持有疑问，所以并没有参考这个理论，也许是预感到了这个理论可能会失败。对铃木先生来说，当时流行一时的 "连锁理论"，才是值得学习的失败案例。

<沃尔玛以之前的凯马特的失败为鉴>

同样的例子还有之前举出的美国的沃尔玛超市，显然沃尔玛是了解凯马特失败的主要原因。那就是，凯马特把价格区间缩到极点，并且采取在日本被称为 "强项经营" 的方法，即只卖畅销品种的经销方式，而卖不出去的商品要采取降低成本的方式，另外为了提高营业额而强行要求制造商和供应商降价的做法，无论是哪一种做法，看起来都有可能导致凯马特破产。

在山姆·沃尔顿的自传中，似乎透露出一股骄傲自满，认为自己比凯马特的高层更加仔细地观察了凯马特。这并不是为了学习凯马特，而是为了评价凯马特的做法。

山姆·沃尔顿可能把凯马特当作一个成功事例，并对其进行了热心的考察。然而至少沃尔玛的继任者不是这么想的。

看看今天的沃尔玛就会明白了。它的价格区间不像曾经的凯马特那么局限，范畴、商品群、品种达到了能够匹敌 7-ELEVEn 的商品密度。7-ELEVEn 约 99 平方米的店铺面积中有 3000 种商品，沃尔玛则在约 9900 平方米的面积中集中了 6 万~8 万种商品。平均下来 7-ELEVEn 里每 3.3 平方米就有 100 种商品，而沃尔玛每 3.3 平方米只有 30 种商品，看起来比较少，但这只不过是由于 7-ELEVEn 的密度非同寻常罢了。

的确，沃尔玛采取的哪里是"强项经营"策略，明明是在吸取了凯马特失败的教训之后，一种意想不到的经营策略。而且最需要注意的是，沃尔玛始终都在留心一个理念，那就是"即使这个商品畅销，也要降低成本，从而获取利润"，而不是凯马特的"卖不出去，就要采取降低成本来获利"的理念。

其实凯马特不是从一开始就是失败的，它曾经也是显赫一时的。沃尔玛当初也借鉴过凯马特，不过后来发现凯马特其实是个失败的案例。

这是因为越是相似的商业，越能在一只脚陷入失败的泥沼中时，敏锐地察觉到自己已经身陷囹圄。

＜最为巧妙地学习了失败案例的沃尔玛＞

前面曾指出选择商圈的差异，凯马特会专门选择那种看起来人口密集、商业机会多且以大城市为商业中心的商圈，与之相反，沃尔玛完全无视凯马特的成功事例，只会选择那些被称为偏僻地区、孤立的小城市集合区为商圈。

除了沃尔玛，其他大型折扣商店连锁产业都和凯马特一样，选择了以大城市为商业中心的商圈。的确，除凯马特外的大型连锁业，正沿袭着市场思考的原则（第 4 章中会详细说明）。

沃尔玛完全忽视了其他折扣店成功的理由。虽然这只是结果论，但最终剩下来的只有后来占据大城市商圈的沃尔玛一家，和从一开始就以大城市商圈为对象的凯马特一家。

从理性的角度说，沃尔玛没有学习成功的事例，而是借鉴了失败的案例。这是因为，当沃尔玛开始进军大城市商圈时，当时获得成功的凯马特已经走向没落。

具体来说，沃尔玛进军大城市商圈时，目睹了以凯马特为首的大城市商圈的大型连锁产业一个接一个地败落。显然这个时候的沃尔玛是看到了失败案例而非成功事例，并以此为鉴。

因为这个时候是向眼前的失败事例学习的绝佳机会，借此机会沃尔玛学习到，为了避免在大城市商圈中失败，什么是应该做的，什么是不应该做的。

那么沃尔玛又是如何巧妙地从之前的失败案例中吸取教训的呢？其中最为巧妙的是，沃尔玛吸取了凯马特为了提高营业额而强行要求制造商和供应商降价，最终导致失败的教训，认识到做生意时不应该强求，而是要达成协议。比如先说服供应商，大家都是利弊相通的合作伙伴关系，然后采用零售进出口贸易连锁制度，最后动员供应商进行降价和对每个店铺进行补货。通过借鉴这些失败事例，我们可以清楚做生意也需要技术。

<"自己思考"是成功的必要条件>

也有这样一种做法，那就是虽然还不到学习失败案例的程度，但至少不会陷入盲目模仿成功事例的误区。

意思是要从多个角度看待事物，对事物进行正确的判断。效仿成功事例的人肯定会沉迷于其中的卓越之处而不能自拔，以至到了目瞪口呆的地步。

7-ELEVEn 就是完全不参考之前的成功事例，完全凭借"自己思考"获得了成功。这是不可否认的事实。而上文所说的"目瞪口呆"是指认为"自己也去思考，就一定会成功"。

成功的路上，个人的思考必不可少。但重要的是，并不是"自己思考了"就一定会成功。"自己思考"只是成功的必要条件，不是充分条件。

因为我们要知道，在这个世界上，有许多"凭借自己的想法"创业，却以失败告终的人。7-ELEVEn 之所以取得了成功，是因为它不仅依靠自己思考，还想出了目前为止没有人想到过的创意。

就像精密仪器不是靠一个零件就能运转起来一样。精密仪器是由无数个功能不同的零件紧密连接、合作才运转起来的。如果把其中一个零件拿出来，认为它是决定整个机器运转的关键，这个想法就是大错特错了。

不过也不能认为，随随便便地去学习成功事例就可以。成功事例之所以能成为成功事例，是因为学习它是一件很难的事情。如果简简单单就能学到它的精髓，恐怕它不是真正的成功事例吧。

所以，难道不应该在学习成功事例之前先借鉴一下那些失败案例吗？这绝对不是一句反话。因为没有比成功事例更难效仿的事情了，所以应该从认识到这一点开始学习（失败案例）。

在下一章，我们将会面对另一个难题，那就是流通业或连锁业的技术革新指的是什么？这些都会在下一章进行探讨和思考。之前提到过的技术革新指的是制造商的专利技术。不过流通业或连锁业的技术革新全然不同，希望大家能明白这一点。

第 2 章

创新后的流通业更胜一筹
保持不变的流通业略显逊色

1 | 流通业的创新被缓慢理解

<与目前为止的常识不同的流通业的创新>

首先我们从"创新到底是什么"入手进行思考。第一点，流通业或连锁业的技术革新与普通的技术革新有着巨大差异。

目前为止所说的创新，实际上大多数都是指新产品的创新，换句话说就是肉眼可见的物质创新。举个例子，电灯取代了蜡烛和煤油灯，日光灯取代了电灯，LED 灯又取代了电灯和日光灯之类的事情。

但是流通业或连锁业的创新改变的不是物质，它其实是一种像"备货"的方法论那样的肉眼看不到的创新。从"业种"（比如食品店）到"业态"（比如超市）的转换，就是一个典型的例子。在业种到业态的转换中改变的不是商品，而是备货方法。

第二点我想指出的是创新并不是改良、改善，也不是进化，而是与过去的旧物质的断绝。超市也绝非食品店进行改良、改善或进化之后的产物。

第三点，创新否定了趋势，也就是通过观察过去事物演变的趋势，推算接下来会变得如何的可能性。

从食品店的历史演变中，是不可能预测到超市这种业态的。从美国的 7-ELEVEn 预料到日本的 7-ELEVEn 的诞生也是不可能的。

第四点，创新并不是采取以史为鉴的"历史书的方法"（本能寺之变的发生是必然的），而是采取背叛式的"推理小说的方法"（真正的犯人是意料之外的那个人）。接下来将一一阐述。

<瞬间普及的"创新">

第一点，目前为止所论述的创新，大部分是关于物质，也就是关于新产品的创新。

举一些例子就会明白了，比如随身听、彩电、LED、苹果手机、太阳能操作面板、计算机、混合动力车等。

虽然像 Windows 计算机软件和因特网之类的虚拟物质，严格来说不能称作物质，但非要说的话，其实它们与计算机、智能手机是息息相关的。

那么为什么迄今为止的创新都是新产品等物质的创新呢？这是因为单品的普及度非常迅速，推动了新产品的技术革新。

就像买了电灯、日光灯和 LED 灯之后，就能立刻体会到它们带来的好处。于是人们争先恐后地跑去买，看到这副情景的其他人也开始跟风购买，这样会导致购买的人越来越多，所以这些灯得到了一定程度的普及。

实际上，上面所列举的无论哪个新产品，都是以惊人的速度普及的。反过来说，即使这件产品进行了划时代的技术革新，如果没有抓住普及的契机而导致普及度很低，那么就称不上技术革新。

现在计算机已经变成生活必需品（大众实用品），如果它还是像刚刚开发出来的时候那样，由于体形过于庞大而没有得到普及，可能现在就没法成为一项技术革新。若计算机没有普及开来，那么互联网也不会为人知晓了。

或者是电话（当然是座机），在第二次世界大战之前还是在极少数家庭才有的。如果一直是这样，那么现在智能手机这项技术革新也不会存在了吧。

举个更贴近生活的例子，战后从美国普及来的"西方化"，最典型的就是以电气化生活为开端的衣食住行的西方化，几乎是一夜之间在日本落地开花了。如今，即便是去大山里和偏僻的地方，也能体会到西方化的生活是如此理所当然。

<不创办新店就不会明白流通业的创新>

第二点，从上面的例子也可以明白，创新就是和过去的物质、生活做一个了断。就像 LED 灯与白炽灯、日光灯，电视机

与录音机，彩色电视机与黑白电视机，手机与座机，智能手机
与普通手机之间进行的过渡、引导。与其说它们是旧物质的改
善、改良和进化，不如说它们是与旧物质做的了断。将第二次
世界大战之前的生活和战后的生活一比较就会一目了然。

然而流通业或连锁业的创新，不是一件单品的创新。普及
的范围局限于进行技术革新的企业和创办一家又一家新店的
店铺。

流通业或连锁业的创新不像物质创新那样，能够一口气提
升普及的速度。尽管现在的超市看起来好像是在全国范围内普
及了，但在超市刚创立的期间，它的普及速度和电视的普及速
度是不一样的。

在只有业种的时代，业态的出现意味着创新的萌芽。但这
种创新缺少了一种速度，所以大多数人都没有注意到原来这是
一种技术革新。

浅显易懂的实际例子就是 7-ELEVEn。7-ELEVEn 从创业开
始，历经了 40 年以上的岁月，但是尽管它采取了合同连锁制这
种较为容易的开店方式，但还是没有办法做到在全国范围内开
设新店。更何况在 7-ELEVEn 创业之初没有人知道它的名字。

可以说在现在的媒体，特别是商业领域的媒体上，经常能
看到 7-ELEVEn 的影子，比如经常能看到 7-ELEVEn 出现在杂
志上。没有人不知道 7-ELEVEn 的大名。但连这样的 7-ELEVEn

也有开不了新店的情况，而且在那些开不了新店的地方，知道
7-ELEVEn 的名字的人是少数吧。

流通业或连锁业的技术革新，如果不能推动新店的开办，
那是不能为人所承认的。7-ELEVEn 是经过了怎样的技术革新才
与过去的"业态"做了了断的，或许这一点我们只有在亲身到
店购物的时候才能体会到吧。

<只有少数人注意到了奥特莱斯的技术革新>

流通业或连锁店的创新，和商品、物品的创新不同，因为
普及的速度较为缓慢，注意到它也是一种创新是比较滞后的。

虽然是一项很了不起的技术革新，注意到的时候却比较晚。
对于那些门外汉来说，这是没有办法的，问题是连专家以及商
业界的人们也出现了同样的迟钝。

比如在第 1 章中所论述的，超市已经不需要领军商铺了，
即使是现在注意到这种改变的人也极其少吧。

或者，从本质上来说是创造土地资产价值的开发产业，它
们所打造的技术革新不是商业大街，而是一种叫作奥特莱斯购
物中心的东西，然而有 99% 的人都没有注意到它。

实际上，奥特莱斯才是一种能够彻底利用土地价值，创造
出资产价值的开发业的技术革新。其原因是：①奥特莱斯以外

的店铺，甚至连工厂以及流通中心都用不到，所以只需要以极低的价格收购广阔的土地，然后在上面建造奥特莱斯；②其中集中了许多租借商铺；③把没有利用价值的土地转变成能够收取租金的资产；④还能够培养像购物中心那样的土地本身就具有资产价值的建筑；⑤卖东西这件事并不是由开发商来做，因为这件事交给了租赁店铺，所以开发商不需要在管理之外的事情上浪费人手。

当然还有公寓和办公大楼，以及许多购物中心，它们都是建立在地价较高，而且位于便利的场所、交通要地、车站前面、郊外的住宅区。但是奥特莱斯却能把那些附近的资产价值接近于零的土地创造出极高的资产价值。可以说这是一项伟大的划时代的技术革新。但甚至在那些商业界的专家中，也极少有人意识到其实奥特莱斯是一项技术革新。

2 与其学习历史书，不如学习推理小说

<创业期的 7-ELEVEn 当初也是一个名不见经传的小公司>

对流通业创新的理解，用文章和音乐做比喻会比较通俗易懂些。

文章就是单词和语句的组合，音乐就是声音的组合。这些单词语句和声音，就好比是流通业中常说的"单品"。

那么技术革新研发出许多新产品，就相当于发明出许多新的单词语句，创作出新的声音。这是比较容易理解的，就像成为流行语的也一定是那些新出现的词汇。但是新的文章和乐曲就比较难以理解了。

创业时的 7-ELEVEn，它的备货方式就相当于上文说的文章和乐曲，很明显这种备货方式是一种划时代的全新方式，与原有的任何一种"业态"都不一样。

这是一种备货品种的创新。但通过这种备货方式备齐的商品，就好像作曲家用了熟悉的旋律编曲、小说家用大家熟知的词汇创作文章一样，这些商品早已在其他业态中被销售过，都

是一些已经在某个地方被销售和使用过的东西。

但是，小说家和音乐家并不是发明新的单词语句，创作出新的声音。他们只是用已有的词汇和旋律创作出名作、名曲。同时通过创作出的作品，在这些熟悉的声音和词汇语句上加以新的理解。

7-ELEVEn 在备货品种上的创新，正与此相同。7-ELEVEn 刚创立的时候，上架的商品与其他地方卖的差不多，但随着店铺数量的增多，它开发出了更贴合自己公司备货理念的新商品，充实了自己的备货方式。

自从大家开始注意到 7-ELEVEn 的创新性这种特征后，7-ELEVEn 就不断增加店铺数量，成为了中流砥柱。紧随其后，许多所谓的"便利店"也相继出现了。

<给生活带来更多巨变的是流通业的创新>

正如本章开头指出的那样，创新并不是改善、改良、进化。在这一点上，流通业或连锁业，与靠新研发的产品完成技术革新的制造商，以及其他产业是完全一致的。

这是因为，改善、改良、进化指的是承认过去有的东西，以及原有的物质和它们的构造，然后在此基础之上进行改善、改良、进化。

与之相反，创新指的是，推翻了过去存在的东西及其构造，并与之断绝，然后在完全不同的立场和世界观上开发出新的东西。

比如 LED 灯，它并不是在白炽灯和荧光灯的基础上加以改造进化而诞生的产品。它是推翻了之前的基础而诞生的新产品。还有 iPhone，它也不是座机和所谓的移动电话进化之后的产物。

这是因为，手机携带性能的优化并不是 iPhone 的卖点。应该说 iPhone 其实是与过去的"电话"概念截然不同的产品。

从流通业的角度来说，最初的"业态"的创新并不是在"业种"的基础上改善进化后的产物。同样道理，"产品组合"这种全新的备货品种的创新，自然也不是"业态"进化后的产物。

正如第 1 章中指出的那样，在至今为止只存在业种的日本突然引入业态的概念并加以推广，这的确是一种推翻了以往理论的巨变。

流通业的创新之所以比物质创新产生的冲击还要大，是因为物质的技术革新并不能凭一己之力给生活带来翻天覆地的改变。但是流通业的创新能做到。极端点说，即使灯泡被 LED 节能灯取代，生活中有变化的地方也只是电费降低这一点。可是当业种转变为业态后，我们的日常购物和生活却发生了翻天覆地的变化。

<7-ELEVEn 的划时代的创新——"个性化经营">

最恰当不过的例子就是 7-ELEVEn 了。那么 7-ELEVEn 做了什么呢？对于 7-ELEVEn 给流通业全体，以及购物、生活等带来的影响，我们后续再思考，首先我们从 7-ELEVEn 所完成的创新入手进行探讨。这种创新可以说是历史上首次完成的划时代的巨大变革。

不仅是日本，这也是世界上首次实现的经营体系——"个性化经营"。这并非夸大其词，7-ELEVEn 的这种"个性化经营"的想法，可以说是一个巨大的分水岭，它把流通业，特别是连锁产业及其历史，划分为 7-ELEVEn 出现以前和 7-ELEVEn 出现以后这两部分。

确实，诞生于美国的超市体系，以及之后出现的购物中心和超市中心，都可谓是巨大的创新。

日本也是如此，比如大型商店的出现和"流通革命"这种想法的产生都可以说是技术革新。但是 7-ELEVEn 的"个性化经营"是一种空前绝后的技术革新。

关于"个性化经营"这种经营体系、组织的思考方法将会在第 5 章进行详细论述。在此只指出 7-ELEVEn 这个史无前例的技术革新事实。

拿天文学的例子打个比方，说这种技术革新是全面推翻了"地心说"理论的"日心说"也绝不夸张。

地心说指的是一种以本部为中心、中央集权的组织的想法，并推进了目前的连锁理论。而连锁理论并没有采用这种思维。以连锁理论为模板的企业很多，实际上连锁理论也有一个标榜的对象，那就是美国的连锁体系。

我们不应该过分指责学习模范这件事。这是因为，以前日本虽然有"经商道德论"这一说法，却没有连锁理论。

而且日本的连锁理论也不例外，它和美国的连锁理论一样都是一种中央集权、以本部为中心的连锁体系。

<美国的连锁理论依据的是工业化的逻辑>

这是因为，原本连锁业的思维，大多数是将工业革命中的工业化思维按部就班地用在商业上。

工业与目前的手工业不同的地方有以下四点。第一点，它不是用人力，而是靠机器制造产品；第二点，手工制作出来的每个产品之间会有差异，而通过机器制造出来的产品都是一模一样的；第三点，制造产品的机器也是一模一样的；第四点，操作机器的工人，他们的姿态、手脚的移动方式、操作方法都是相同的，也就是说其实人类也是机械的零件之一。

典型的事例就是，历史上首次批量生产汽车的福特工厂，美国的连锁业直接把这种思维原封不动地应用到了商业上。

"连锁"这种思考方式就是集中了统一机器的工厂的"流通业"的实际运用版。连锁店铺就是为了贩卖大量产品的"机器"。

要是将连锁理论中经常使用的"标准化"这个词语说得更清楚一点，那就是"统一化"（为什么避开使用"统一化"这个词，而是使用比较隐晦的"标准化"，这本身就是一个有趣的命题，在此不再赘述）。

机器化的店铺当然是整齐划一的。但是流通业与工厂不同，它不能只在一个场所运营，而是需要分散安置，这就是"连锁"形成的原因。在连锁理论中，店铺可以说和那些分散安置的工厂里的机器是一样的。无论把机器放置在哪里都是一样的，关于这一点想想自动贩卖机就会明白（实际上，连自动贩卖机也要根据放置场所的不同来调整各自的商品种类）。

刚开始就提到过，连锁业其实采取的是一种中央集权、以本部为中心的制度。就相当于厂长命令职工操作机器、生产出商品。然而日本的连锁业不得不承认的一个事实就是，以前的日本连锁业也遵循这种想法，最终靠着超市和大型商店等企业，连锁业的营业规模不断扩大，店铺数量越来越多，从而产生了无数连锁业的公司。

<创新是"可能性"的否定>

7-ELEVEn 却从正面推翻了这个可以称作日美连锁店"金科玉律"的大原则。7-ELEVEn 主张,连锁店不该是统一的连锁店铺,各个店铺应该进行各个店铺所特有的商品备货。

这是历史上日美流通业划时代的变革。7-ELEVEn 的"个性化经营"正是之前列举的革新的第三个特征,"创新是可能性的否定"这个观点最有力的证明。

那么"可能性"是什么意思呢?从事情的原委来看,接下来事态发展的可能性很高,这就是"可能性"。座机小型化,接下来变成能够装载在车中的无线型,而其后会变成更小型化的手机,这一系列的"进化"可以说正是可能性高度发展的结果。

iPhone 的革新却与这些进化突然断绝,偏离电话本来的"通话"功能,利用各种各样的软件来达到通话以外的目的,通话反而成为了附属功能。可以说 iPhone 是革新,其实就是"可能性的否定"。

因此,以往以通话为主要功能的电话,如果理所当然地进化,那么完全不会有现在的 iPhone。iPhone 是创新的,其理由就在于此。

那么,7-ELEVEn 所谓的"否定可能性"又是怎么回事呢?7-ELEVEn 从可能性的视点考虑的话,采取"个性化经营"的可能性是极低的。

因为，个性化经营是指，特许经销店的店长调查自己店铺商品的销售情况，从数据中进行预测，来决定自己店铺接下来的订单销售的经营体系。

当然会是有 10 家店铺，就会有 10 种商品备货。这在日本曾是前所未闻的经营体系。

<7-ELEVEn 曾经采取"个性化经营"的可能性是零>

为什么这会成为必然性的否定呢？

第一，7-ELEVEn 的创办者铃木敏文曾经是伊藤洋华堂株式会社领导阵营中的一员。这个伊藤洋华堂别说是个性化经营了，它是推行连锁店铺"连锁理论"的忠实执行者。

那么曾是重要领导阵营中一员的铃木所创办的 7-ELEVEn，成为统一的连锁店铺的可能性不是非常高吗？

第二，创办 7-ELEVEn 的契机正是因为美国 7-ELEVEn 的存在。"7-ELEVEn"的店名来源于美国的连锁店。

而且美国的 7-ELEVEn 正是典型的统一连锁店。其特许经销店中的退役军人居多，据说是因为军人有不容分说地执行命令的习惯。

第三，7-ELEVEn 从创业开始的一号店铺起，就是我们今天看到的特许连锁形式。特许连锁是指身为他人的特许经销者投入资金，参与经营的连锁店。

如果失败了就无法挽回。上一年的营销赤字下一年补上，A店的损失由 B 店、C 店的利益来弥补，这样的方式如果不是直营连锁店是做不到的。

第四，当时作为连锁店唯一成功的是以伊藤洋华堂为代表的统一连锁店的组织形式。从确切性来考虑的话，比起从来没有人做过的"个性化经营"，统一连锁店应该能更加切实地看到利益。

即使这样，7-ELEVEn 从创立第一家店开始就采取了个性化经营的方式。它的创业正是从正面否定了必然性，是真正意义上的创新。

<鲁莽？全食食品超市>

虽然可能性很低，那为什么 7-ELEVEn 还是下定决心去尝试了前所未闻的"个性化经营"模式呢？为了思考这件事，再举一个创新的事例，这件事也否定了可能性，完成了几乎不可能完成的任务。

那就是美国的全食食品超市。这个超市，创办了连锁超市体系。

这是因为，就像在前文韦格曼斯食品超市处说明的那样，随着美国业态超市同质化的加剧，必然导致价格竞争的激烈化，因此只剩下二选一的选择，一是分店经营型的超市倒闭；二是中小型的连锁产业不想破产的话，就要被更大的同行产业收购。

因为想要创办几个生意兴隆的超市，所以执意创办"超市业态"，无论怎么看都是一种鲁莽的行为。

从微软、谷歌、苹果公司这几个例子看就会明白，只要开发出新产品，有了新产品创新，那么一夜之间成为大公司将不再是梦想。

但是从 7-ELEVEn 的例子就能看出如果是流通业，无论做出多么异常显著的创新，想要完成商业的变革，那只有一个办法，即一间一间地去开店。

即便如此，流通业知道还是要创办像 7-ELEVEn、大创、无印良品、东急手创馆那样的店铺，就是那些谁也没有尝试过的产品组合（商品备货）的店铺。谁都没有注意到竞争对手出现的时候，也可以一个接一个地增加店铺数量。

但全食食品超市显然只是一个超市。它当初就是以超市为开店目标创立的。在这一点上，它和 7-ELEVEn 是完全不同的技术革新。

全食食品超市的柜台。沙拉、汤汁柜台（上），自由计量柜台（下）

<顺应时代潮流的"自然健康食品店"都陨落了>

全食食品所做的创新是只在自然健康食品上选择了备齐商品的道路。自然健康食品本身就是至今为止一直在持续的趋势。全食食品创业之初，自然健康食品就是大家所欢迎的时代潮流。

这确实是创业的一个契机。但这也不是对必然性的一种否定。必然性本身，就是有可能发生的，是跟随时代潮流的一种现象而已。

可是，变成当时时代趋势的，并不是自然健康食品超市，而是自然食品专卖店。自然健康食品店铺，和 7-ELEVEn 当初起步时一样，没有来自超市的竞争对手，商品的备货只要汇集自然健康食品就可以。

但如果变成自然健康食品超市，就完全是另一回事了。如果只是从市场上收集自然健康食品，这些自然健康食品专卖店可以做到，超市却做不到。

顾客所期待的超市的部门、品种，都必须认真对待。这个就需要公司自己发展采买商品途径，然后收集这些商品。如果是超过 100 个店铺的连锁店也许还办得到。供货商那边也能确保一定的销售量。但全食食品是从一家店铺开始的（这些完全做不到）。

全食食品不会不知道这些。那它为什么还是做出了这样鲁莽的决定呢？

其后，日本和美国的自然健康食品店全都倒闭了，这恰恰证明了全食食品的判断是正确的。第一，如果只是收集自然健康的食品，那么饮食生活无法成立。第二，自然食品并不是商圈里的居民全员都需要的东西。所以，它不得不把目标转向远方的顾客，当然也就失去了回头客。第三，结果就是不得不以卓越的商品和低廉的价格吸引顾客，这样就出现了滞销、促销等。

＜困扰全食食品的各种难题＞

自然健康食品店，乍一看是可以和超市区分开的。然而这正是失败的原因。不愧是全食食品店，它察觉到了这一点。

全食食品为了让顾客一次性买齐需要的东西，满足饮食生活需求，选择了超市的形式。超市的话，便可以期待近处的回头客了。

这样首先确定了连锁店开店的范围的商圈，然后采用拼图的方法，一间一间地开店，填满商圈。

当然，一个一个的店铺，可以采用 7-ELEVEn 创业以来就坚守的方法，即让附近的居民反复光顾。

但与此同时，如果超市的商品全部是自然健康食品也会是一大难题。不管怎样，自然健康食品这一国民品牌只存在于像保健食品这一有限的领域内。在这领域之外，要致力于公司自己的商品供应计划。

而且最大的问题是，如何让周围居民成为自己的顾客。顾客就像评论家，不会一看见自然食品就扑上去，他们对吃的东西是很慎重的。看到全食食品成功的事例，从而选择做自然食品超市并导致失败的例子，可以说不胜枚举。

因此，全食食品，首先是增加店铺数提高销售额，然后是培育自然健康食品的供货商。最后，比任何其他都重要，那就是培养顾客。

如果只是普通业态的超市，那么不得不被卷进激烈的价格竞争。倘若是自然健康食品，因为没有要比较的对象所以不会卷进竞争。如果能说服顾客，否定必然性的尝试，吸引那些厌倦了业态超市的顾客，那么其可能性还是很大的。

3 从 7-ELEVEn 学到的"创造顾客"

<创新,用"历史书"的方法无法说明>

7-ELEVEn 和全食食品超市所做的事情、做事情的时期、做事情的理由,完全不同,即使如此,在否定"可能性"创新这一点上,是完全一样的。

7-ELEVEn,不是中央集权型、工业型组织,看似没有投身于个性化经营的可能性。然而,为什么 7-ELEVEn 会投身于个性化经营这一前所未有的经营呢?

本章的开头解释过创新的本质,其中第 4 条指出,经营书不应该采用"历史书中的方法",而应该采用"推理小说的方法",强调这一点的意义显而易见。

将 7-ELEVEn 的创新理由,归结到其创始人铃木敏文的天才,越认为这种说法正确就越没法再聊下去了。铃木熟知当时唯一的组织论,即统一的店铺连锁组织,也意识到了它的缺点和局限性。虽说铃木因为认识到了这些,而没有采用店铺连锁组织,但这些绝不是铃木积极采用个性化经营的理由。

也就是说,大多数经营书正在无意识地采用历史书的方法。

所谓历史书的方法，就是指将已发生的结果（对于经营来说是成功事例）视为最重要的，然后探索其原因。

本能寺之变，是极小概率的事件。织田信长只带了少数的亲兵，他确信应该不会有人做出谋逆之事。事实上也证明了光秀的谋反有多愚蠢。从概率上来说，信长确信没有谋逆也的确没有错。

但是历史书专门对这件事的起因进行了追究。原因越追究就越会产生一种错觉，即这一事件为了发生才发生，有一定的概率。将成功事例看作理所当然会成功的经营书，不经意间采用了跟历史书一样的方法。

<向成功学习，相同的成功也不会有第二次>

大多数经营书，把 7-ELEVEn 的"个性化经营"毫不犹豫地视为理所当然的事情。会发生的事情于是发生了，并列举其成功的理由，对其加以赞颂，教育学习。

这真的能成为参考吗？

推理小说的方法，跟历史的方法形成了鲜明的对比。推理小说，是从杀人事件开始叙述。所以推理小说乍一看似乎跟历史书一样，也是从为什么会发生这样的事情，即追究其原因开始的。不过追究原因的目的是将原因一一否定。

为什么要——否定原因呢？因为如果追究事件发生的真正原因，立刻就发现真凶的话，小说一下子就结束了。

推理小说一定是在最后找出真凶。这个例子用在经营书上，那就是成功这一结果是很明显的，其成功的原因要——列举出来，又要一个一个地否定掉。

成功的真正原因也就是真凶，可能性越小的人物越好。越是不可能做这样的事情的人成为真凶，小说越有意思。成功的原因，是人们都认为不可能，这才是推理小说。

经营书真正可以作为参考的，正是因为不能将某个成功事例完全一模一样地模仿过来。从某个成功事例中得到提示，用事例研究法进行研究，自己的商业要用自己的方式重新整合，这样才是真正把成功事例当作参考。

推理小说的读者，随着阅读的习惯，会变得越来越擅长寻找真凶。这是因为在研究事例时得到了锻炼，经营也一样。不，正因为是经营，将经营书中列举的成功事例，原封不动地照搬才愈加不可能。如果认真学习模仿 7-ELEVEn，就真的能创造出 7-ELEVEn 吗？（不可能）

所谓学习成功事例，不过是因为要面对不同的问题。用事例研究法去学习成功事例，面对不同的问题，也可以知道其应对的方法，这才是经营书的意义所在。

<让有限商圈内的全体居民都成为顾客>

如果从可能性去考虑，7-ELEVEn 应该选择统一的店铺连锁，而 7-ELEVEn 却选择了个性化经营。其原因是铃木敏文的独创性及天才，或许是铃木氏意识到了之前实行的店铺连锁业的缺点及局限性。

跟历史书一样从经营书中并不能学到独创性、天才、见识等。历史书只追求"问题的答案"，推理小说追求的却不是答案，而是"问题的解决方法"。推理小说的有趣之处不在于知道真凶本身，而在于怎么样才能找出真凶，即"寻找方法"。那么用这个方法，去探究 7-ELEVEn 选择个性化经营的理由的话，会如何呢？

这里我想起的一个提示是 7-ELEVEn 在创始之初以及现在都一直存在的问题。

那就是，7-ELEVEn，①选择了具有局限性且极小的商圈；②而且商圈和 7-ELEVEn 的其他店铺的商圈四面八方都有连接。

这一点 7-ELEVEn 和全食食品超市一样，①首先确定商圈；②然后把商圈像拼图一样，一片一片地用公司的店铺填充进去。

为什么要这样开店呢？这种方式不仅适用于 7-ELEVEn，也适用于大型超市。在 99 平方米的店铺中汇集了 3000 种商品，①首先每个商品的循环提高了；②货物配送次数明显增加了；③且为了吸引顾客，对有鲜度要求的商品（比如饭团、周刊、报纸等）要特别重视，因此把每个店铺的商圈都连接起来，无论是效果上还是效率上都比较好。

这里给我们的启发是，要确保每个店铺的客流量、营业额、利润，不能挑剔自己店铺商圈内的居民，而要尽全力将商圈中的所有居民，彻底发展成顾客、反复光顾的老主顾。

<不关注全国的数据，而只关注自己商圈中的数据>

因此每个店铺为了能将自己店铺商圈内的居民，全都培养成顾客，只能持续地去做极其细微的商品储备。

7-ELEVEn自创业以来，没有采用当时数量居多的店铺连锁方式，反而很冒险地投身于"个性化经营"，其最大的理由就在于此。

这样看来，大数据并不能成为参考。7-ELEVEn每个店铺的关注点，既不是日本全国，也不是领军店铺，而仅限于自己店铺商圈内的居民。

无论全国的数据如何，对于每一个特许经销店来说，眼里只有自己店铺商圈的数据。因为只有参考这个数据，才能将居民培养成会反复光顾的顾客。

因此，7-ELEVEn 的每个店铺，没有将居民分成诸如年轻人、老年人之类的"客户层次"。不管是什么"客户层次"，必须将他们都培养成店铺的顾客。

所谓个性化经营，是指特许经营负责人，也就是店长，一门心思地去考虑自己店铺商圈的居民，怎么样才能让他们都成为自己店铺的顾客，只考虑这一点来进行商品备货的经营方法。

媒体会追踪报道，流通业媒体也不例外。比如，什么时候，7-ELEVEn 的"饭团"成功了，"黄金小馒头"成功了之类的，这些都会被当作即时新闻进行报道。

不过当时的 7-ELEVEn 的特许经营店本身，对这一类新闻完全不关注。因为特许经营店所关注的，不是全国的 7-ELEVEn 的动向，而仅是自己店铺的动向。越是成功的特许经营店越不会关注全国的数据。

不过媒体的读者不同。媒体将大多数读者作为对象，从全国范围内挑选新闻。仅仅是 7-ELEVEn 的某个特许经营店的商圈数据，并不能成为新闻。这就是成功事例和成功事例的学习者之间的不同之处。

<7-ELEVEn 的"顾客创造"法>

第一，7-ELEVEn 自身，是以它们的商品成功案例做"加法"来进行商品备货。关东煮、冰激凌、啤酒、票券、ATM、饭团、便当、7-Premium、黄金小面包等，它们的成功都是做了"加法"计算。

这也就是说希望居民无论是在买关东煮的时候、买饭团的时候，还是在买黄金小面包的时候，或是使用 ATM 机的时候，都能成为 7-ELEVEn 的顾客。

7-ELEVEn 想出各种各样的机会，是希望多样化的居民无论是谁，都可能成为 7-ELEVEn 的顾客。

第二，年轻人、职业女性、家庭主妇、小孩子、少年少女、单身男性、高龄者、独居人士等，7-ELEVEn 并没有将顾客按照"顾客层次"进行选择性的开拓，而是无论什么类型的居民，都将其开发成自己的顾客，这也是一种"加法"。

也就是说，不管是男性、老人，还是公寓住户、独居人士，都有可能成为 7-ELEVEn 的顾客。

第三，是将此前每周一次、每月两次，去 7-ELEVEn 进行购物的顾客，发展成每周想去两次或者三次的顾客。这里有一个很好的例子就是 ATM。

ATM 以前只在银行里有，或者在车站、大型商场里才会有。7-ELEVEn 则让 ATM 在 5 分钟内就可以完成你的需求。以前每周只用 1 次的 ATM，如今可以每周用两次甚至三次。

第四，是将购物时间变成了 24 小时。对于顾客来说，无论什么时候，只要自己方便、想去，就可以随时去。

这里有一个典型的事例就是"年节菜肴"。年节菜肴本来是指年末的时候，将几个品种菜肴成套销售。而 7-ELEVEn 把它改成到了正月（日本的正月指公历一月）就可以买，并且不需要买套装，可以买自己想买的品种及数量。这简直就是"顾客的创造"。

4 | 产品组合是划时代的创新

<流通业的创新的本质是什么?>

将以上叙述的内容，做一下总结。

（1）一直以来所说的"创新"，是指新产品，即物品的创新，但是流通业、连锁业的创新，是针对"业种"（比如食品店）的"业态"（比如超市），或者是针对"业态"的"产品组合"，比如 7-ELEVEn 以及全食食品超市等，诸如此类的商品备货方式的创新。这跟物品的创新相比，并不是一看就能明白的。

（2）所谓创新，并不是相比过去的改善、改良、进化，而是跟过去彻底决绝。不过流通业的创新，未必像产品的创新那样，肉眼可以看得到。

比如说，7-ELEVEn 以及全食食品超市等"产品组合"，跟过去的"业态"到底在哪些地方彻底断绝了？这个问题即使去店铺里面实际查看，也未必会立刻明白。

（3）创新，否定了"可能性"（可能性是指，考虑到以前的原委，理所当然地会变成这样吧）。但这一点对流通业来说，是很难明白的。比如 7-ELEVEn 的"个性化经营"，只是看看的话，很难知道在哪里、如何否定了可能性。

（4）流通业的创新，就是它的结构、方法、思维模式等的创新。不过我们不能用列举成功事例、解释学习理由的"历史书的方法"，而应该使用列举成功事例，并指出学习这一事例是多么的困难的"推理小说的方法"，用后者的方法去思考更为合适。

以上这几点，是通过列举 7-ELEVEn 和全食食品超市这两者创新的事例进行的说明。

在此，我们再次具体地思考一下流通业的创新。

<跟"业种"以及"业态"都完全不同的商品备货方式，就是"产品组合">

流通业的创新之一是被称为产品组合的创新。①"业种"是将生产、加工、流通情况优先，并根据品种（无法替代的实用用途）进行的商品备货，与之相对的，②战后从美国输入的"业态"，是优先考虑顾客的购物情况、方便性，因此将品种综合化了的商品备货方式。③"产品组合"是指，根据某个主题确定的商品备货。我们来举例说明一下吧。

例如无印良品，当然它不是业种，也不是业态。因为在无印良品的这种商品备货下，并没有因此让购物变得更加便利。

这样看来，无印良品，至少可以确定它不是以业种、业态的原理进行的商品备货。

那么，无印良品，到底是以什么样的主题进行商品备货的呢？虽然用语言很难说明，但是如果去无印良品的店里看 10 分钟，你就会马上知道它的商品备货主题。

无印良品，既不是业种也不是业态，而是用"无印良品"这一主题进行的商品备货。

再想想，7-ELEVEn 也既不是业种，当然也不是便利店这样的业态。7-ELEVEn 也是只有 7-ELEVEn 才有的、独特的产品组合。

给只有"业种"的日本突然介绍"业态"这一概念，很明显这也是一种创新。但是业态很快就催生出了"同行业"。不管是超市、药店，还是家庭用品商店、大型商场，都是瞬间遍及全国。这么容易模仿，已经不再是创新了。

与之相对的产品组合，客户是否支持暂且不说，首先模仿是不可能的。复制无印良品的全都失败了。复制了 7-ELEVEn 的"便利店"可以存续的原因，是不管什么企业都在动脑筋想方法做出与 7-ELEVEn 的不同。

产品组合主要可以分为三大类。

<跟业态不同的半成品、生鲜（meal solution）型超市>

产品组合的其中之一就是，以能够支持某种生活为前提进行的商品备货，也就是"生活方式的产品组合"。它的一个典型事例，就是半成品、生鲜型超市。

半成品、生鲜型超市，乍一看跟业态超市很相似，但是商品备货的基本方针是不一样的。

业态超市，是以饮食生活为中心、以购物的便利性为前提的。因此饮食生活，基本上可以满足平时的需求。

而半成品、生鲜型超市，不单是基本需求得以满足，而是将饮食生活做到比之前更加充实、品种更加齐全。

所谓半成品生鲜（meal solution），是指对享受饮食（meal）的方式做出的提案（solution）。

换一种说法，如果说业态超市中出售的是食品（food），半成品生鲜型所出售的就是饮食（meal），这也是生活。

业态超市，最终都会变成很相似的商品备货。因为在经营生活所需的必需品上，基本上都是确定好的东西。但是半成品生鲜型，每个公司的商品备货都有很大的不同。那是因为不同的企业，对饮食生活的充实内容、方法等思考方式也各不相同。

这和家庭餐馆相似，虽然品种都有汉堡包、咖喱、沙拉等，但是具体的菜单组合以及各自的商品，各个连锁店皆不相同。

业态超市，无论如何商品备货都会变得很相似，因此往往强调价格的实惠。但是半成品生鲜型超市，虽然没有忽视价格，但变得更加重视商品内容。这些和业态、产品组合都不相同。

<"黄金小面包"中应该注意的是，着眼于"面包"这一点>

跟半成品生鲜型超市很像的产品组合的事例，不是别的连锁业，正是7-ELEVEn。但不是指自助式服务、相似经营。它们的共同之处在于两者都在努力实现"每日更新"。

"黄金小面包"以及"7-Coffee"，是7-ELEVEn的热销商品。很多人都注意到它的品质，跟其他的面包和咖啡比起来更加美味。

但是，最应该受到关注的是，7-ELEVEn着眼于"面包"和"咖啡"这件事。面包和咖啡是极其普通的、日常熟悉的商品。前面论述的创新一般是从新商品中催生出来的，但不论是面包还是咖啡都不是新商品。

那么我们会注意到半成品生鲜型超市中出售的商品，其实并不是"新商品"，都是极其普通的商品。不过即使是极其普通的商品，不管是店铺还是顾客都非常习惯，于是就变成了非买不可的商品。

7-ELEVEn 和半成品生鲜型超市的共同点，就是将这些极其普通的商品，放置不管就变得千篇一律的商品，进行了版本的更新。所谓"每日更新"，就是每天变换不同的版本。

每日更新这个词，不是简单地指实用、来得及、够用，而是加入了某种意义的、实现了新的乐趣的"每日"。

比如说，只是为了抵抗饥饿、填满肚子的食品，是实现了实用用途、日常必需实用品（commodity）。相反，有着享受美味、享受饮食这样意义的食品，就是每日更新商品。

然而，每日更新商品，随着时间的推移会退化，会变成日常必需品，即使最初能打动人心的沙拉，如果每天都吃，就会变成普通的商品。这里的退化，指的就是变成了日常必需品。

<所谓"黄金小面包"，就是面包的每日更新>

前面举出的家庭餐馆的例子，顾客想去外面吃饭，并不是因为不用准备饭菜很方便，而是因为出去吃饭有值得期待的新乐趣。

基于这个意义，可以说，7-ELEVEn 把放任不管就会自然退化的日常商品做了"更新"，变成了崭新的"每日更新"商品。这就是 7-ELEVEn 可以一直保持热销的原因。这一点我们看看过去 7-ELEVEn 的热销品就一目了然了。

关东煮、饭团、小面包、荞麦面、咖啡……不管哪个商品都是极其普通、极其日常的商品。这一点很重要：7-ELEVEn 为那些放置不管就会退化、就会千篇一律、变成日常必需品的商品，不断地赋予了新的气息。

其实 7-ELEVEn，说起来并没有创新型的新商品。它所经营的，是对任何人来说都极其普通、经常食用的饭团、面包，以及经常使用的 ATM 等。把它们以每日更新的视角重新审视，实现了新的"饭团"、新的"面包"、新的"ATM"。

虽然经常有人误认为这些是美食化，或者是产品品质的高级化，但其实并不是这样的。不管是饭团，还是黄金小面包，都没有美食化，不过是每日更新而已。

证据之一就是，饭团、荞麦面、小面包，以及其他在 7-E-LEVEn 出售的大多数商品，都在不断地被重新商讨、更新。7-ELEVEn 和半成品生鲜型超市所共同拥有的特征或者说本质，就在于不断地更新。

在只有业种的时代自然不用说，即使是业态出现的时代，购物也是一件很重要的事情。所谓重要，是指要实现对必需品的保证，非买不可。

7-ELEVEn 以及半成品生鲜型超市所做的事情，就是将购物变成一件有乐趣且可以享受的事情。因为两家店铺都是在以有限人口的商圈为对象，通过实现产品组合，来确保顾客数量、销售额以及利润。

<1 美元商店，生活方式的商店>

那么，第二点，就是基于"特定主题"的产品组合。比如，日本有 100 日元超市的大创，美国有 1 美元超市，不过实际上它们完全不同。

1 美元超市，和日本的便利店大小差不多，大都是以 10 美元以下的商品为产品组合。超市里一是销售纸巾、洗涤剂等大众实用品，二是销售文具、玩具、餐具、内衣、家居服等日常生活用品。

1 美元超市，即使是在它的原产地美国的专家眼中，也被认为是新手的"廉价商店"或者"聚集了价格很低的商品的店铺"。何况是来自日本的视察团了，几乎全员都误以为它是美国版的百元店。但其实 1 美元超市和日本的百元店完全不同。

1 美元超市，是在一瞬间就有了超过 1 万家店铺的大公司，规模巨大、广受支持。这表示，随着 1 美元超市的出现，越来越多的人觉得在这里购买商品可以满足生活所需。

比如说，在这里可以买到一袋 4 包的厕所用纸。超市的话一袋至少是 8 包到 16 包。按照每包计算的话，当然是超市更加

图表③　业种·业态·产品组合的对比

	标准	商品	需求的创造	综合化
行业种类	作为生产加工·流通业的单位的品种×价格区间	日常必需品特定品种、多品种	没有考虑需求创造	商店街名店街
业态	为了实现购物的便利性的品种综合化×价格区间	日常必需品特定购物、一站式购物	便利购物需求的创造但是之后就是需求的对应	购物中心
产品组合	生活提案、生活方式提案、方式化提案×价格区间	为了实现产品组合的范围·产品群·商品种类	根据产品组合主题提案的需求创造	购物中心

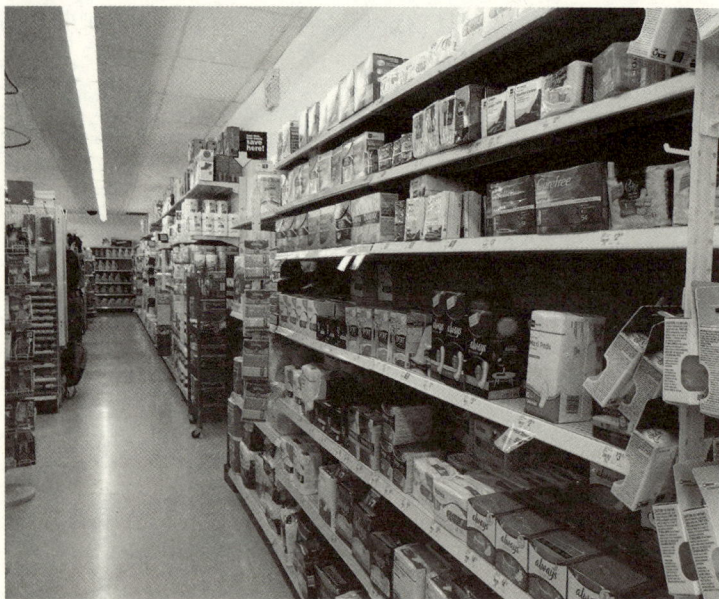

1美元超市的卖场

100

便宜，但是一袋 4 包的话支付的总金额更少。

假如买了 16 包而不能一次性用完，即使每一包的单价便宜了，那也是白白地投入，让资金冻结了。从当天赚到的钱能够更加有效利用这一点上来看，当然买 4 包更好。

在 1 美元超市购买，剩下的钱可以在其他娱乐方面或者必要的时候进行周转。这样就不用那么辛辛苦苦地工作赚钱了，适当地工作就行。这不就是一种新的生活方式了吗？这其实并不是顾客的想法，而是随着 1 美元超市的诞生，产生的新顾客。

这就是创新。因此才会迅速地发展起来，不过很遗憾没有人注意到这是创新。

<大创并不是 1 美元超市的日本版本>

作为百元店（100 日元）的大创，乍一看跟 1 美元超市很像，其实它们的本质是完全不同的。1 美元超市致力于日常必需品，而百元店，是每天花很少的钱购物，因为金额少，购物变得很有乐趣。

在这里到底有多壮观呢？即使购物了，也不会有很大的支出，可以很享受、很安心地购物。而且，购物会有很多发现。你会突然发现，诶，有这个东西还真是方便很多。

因此，百元店，并不是像业态那样的购物便利，购物本身就是一种享受。这种享受，正是因为各种商品已经被组合好了，才真正能享受到的乐趣。并不是像 1 美元超市那样创造一种生活方式的店。

同时必须注意到的是，百元超市的商品中的大多数都独自做好了商品供应计划，其实并不便宜。比如说，百元店里出售的数据表软件 Excel 的参考书，正式的参考书有近几百页，而百元店中出售的是几十页的参考书。

当然这并不是偷工减料，只将大多数人最经常看的那几个地方总结出来，这就是百元店的参考书。

还有更重要的一点，即使是同样的百元店，也有像 Can ★ Do 这样跟大创不同的连锁业成功的事例。当然，所谓便利店也有同样的现象，便利店在同一个商圈里的优劣一目了然。

百元店，也会在同一个商圈里开店。而 Can ★ Do 就跟大创有些许不同。Can ★ Do 并没有像大创那样扩大商品种类，而是在商业关联中倾注精力，让商品更加新式流行，这样微妙地和大创错开了产品组合。

业态在同一个商圈中，同行很难生存，产品组合却可以共存，这恰恰是这样的事例。

<拥有独特风格的邮购杂志《邮购生活》>

产品组合的第三点是"个性化"。个性化，从广义上来说包含了前面列举的生活方式的产品组合，不过它的意义并没有像生活方式的产品组合那么宽泛。

在个性化中实现了产品组合的最好的例子，当然是时装。这里我想先举一个其他的例子，那就是邮购杂志《邮购生活》，但邮购杂志《邮购生活》并不单单是邮购杂志。

因为在这本杂志中推荐的商品，都有一个共通的地方，那就是"个性化"。即：①跟同品种（用途）的其他商品相比，有着其用途上的独特之处。②即使长时间使用，功能也不会下降。③为此，根据每个品种、用途在全日本（甚至是全世界）的供应商中奔走调查，亲自选出当下最合适的商品。④因此，可以负责任地推荐，只有这样的推荐，才是个性化。

例如，日本产的扫地机实际上真的很多，而且各自都有值得夸耀的性能，不过《邮购生活》偏偏选择推荐了在当时还几乎没什么人知道的戴森（现在推荐的是别的机种），也可以说是它的勇敢之举。并不是因为戴森的外形或者设计好，而是因为它的性能优秀，这就是产品组合的方针。

具体的商品名称在这里我们就不提及了，比如说即使是老人也很容易操作的电动浴室清扫机；在 JR（日本国家铁路）的楼梯清扫中也能使用的无线小型扫地机；将部分功能做了更改的保温瓶等。这些虽然都是其他公司做过商品供应计划的商品，《邮购生活》仍然将它们加以选择并做成了产品组合。正因为这是其他公司做过商品供应计划的商品，才能够做产品组合。

这些全部都是单品。在这层意义上，可能会有人说这个跟"商品备货"的产品组合并不相似。其实上面举的例子的方针策略都是一致的，就是以明确的产品组合方针作为基础进行商品选择。这个可以说是某种意义上的"个性化"了。

<《邮购生活》被复制，也是它的"荣誉"＞

通过跟《邮购生活》做对比才发现，将家庭用品商店作为主要频道的某厂家，销售的都是《邮购生活》推荐的商品的山寨版，并将山寨版作为自有品牌出售。

或许会有这只是偶然的一致、没有违法、廉价版还不错（在自有品牌中经常听到这样的正当理由）等各种辩解的理由。

不过在这里我想说的是，被模仿这件事，反而可以说是让人高兴的事儿。正因为如此，反而更能显示出《邮购生活》产品组合的独特性。

个性化的产品组合中最显而易见的实例，当然就是时装了。说到时装，当想起 GAP、Levi's、优衣库、ZARA、L. L. Bean、H&M 等品牌时，脑子里就会浮现出汇集了每家店各自独特风格的产品组合服装吧。

时装并不是在所有场合有它的风格就可以的。去参加正式

图表④ 产品组合的类型

类型	日本	美国
"生活方式"的 产品组合	• 八百幸超市 • York 红丸超市 • 东急手创 • 长谷川佛龛 • 宜家 • 其他	• 全食品超市 • Kroger • HomeDepot • 1 美元超市 • 其他
"主题"的 产品组合	• 大创 • 7-ELEVEn • Loft • 其他	• 99CStore • 1 美元超市 • Walgreens • 其他
"风格"的 产品组合	• 杂志《邮购生活》 • 无印良品 • 优衣库 • 大和和服 • Fast Fashion • 其他	• Target • H&M • ZARA • Forever21 • 全食品超市 • 其他
"业态由来"的 产品组合		• 沃尔玛

※因为在这里列出的产品组合类型的分类，并没有试图网罗所有的情况，所以只将企业名称列举出来了。

※一个企业重复出现在两种分类中，是因为分类本身将"产品组合"的说明作为目的，并不是被分类束缚。（1 美元超市、全食品超市等）

※所谓业态由来，是指原本来自业态，在其后发展过程中由"业态"转变成了"产品组合"。

的聚餐，或者是稍微出门买个东西，或者是家里有重要的客人要来，或者是跟附近的太太们办一个茶会，又或者是去卡拉OK，情形不同服装风格不同，同时还要有各自的喜好。

因为人们区分个性化，而个性化的整体组成了生活方式。那么在这些个性化的产品组合中，也可以加入无印良品。无印良品没有销售一些特别奇怪的商品，从品种上看，有内衣、文具、服装、家具、家居布置、糕点、小点心等。这些并不是"商品种类"而是"产品群"，因为它并不是简单地满足实际用途，甚至可以说不是"无印良品"就无法实现这些个性的统一。

当然，"无印良品"不能涵盖生活的全部，时装也是一样。

<7-ELEVEn 无缝陈列的意义>

仅次于流通产品组合的第二个创新，是表达方式或者陈列方法的创新。

其一是陈列的紧密性。7-ELEVEn，并不是简单地将商品陈列出来而已。它的陈列中，商品和商品之间没有空隙。意外的是大家没有注意到这一点。因为大多数人，特别是越专业的人，越是只看陈列的商品本身。

不过，陈列的商品和商品之间没有空隙这一点，不仅让顾客感受到商品备货的丰富，也给顾客带来了购物本身的充实感。相反，如果陈列的商品之间的空隙很明显，即便没有售罄也会给人一种货品不足的错觉。

店铺或卖场不是简单的钱物交换，而是可以享受购物最好的证明。顾客不可能知道陈列的理论，但他们在感官上可以感觉到商品和商品之间有空隙的陈列，和没有空隙的陈列之间的微妙差异。

顾客并不会去数卖场的商品种类，而是会凭感觉去感受卖场。顾客可以本能地知道，实际上哪家店商品备货更加丰富。

这一点是我们目前物品创新的见解中，无法感受到的微妙差异。

其二是尺寸，或者说"量"的自由度的创新。

比如说在 7-ELEVEn，有单人火锅套餐。火锅至少是两个人以上享用的食物，这是一直以来的常识，不过 1 个人也有想吃火锅的时候。日式牛肉火锅曾经需要很多人一起吃，而现在两个人也可以吃。这一点，单人火锅和日式牛肉火锅一样。

在全食食品超市，香辛料之类的是称重销售的。这和超市里销售事先包装好的是完全相反的思维。它所瞄准的目标是吸引客户去尝试一下还没尝试过的东西，如果量少，顾客也许会想试一下，也许会想混合起来使用。

<店铺品牌的创新>

第三个创新，是商品供应计划。创业初期基本上都是国民品牌的 7-ELEVEn，现在店铺品牌占了大多数。

前面叙述的单人火锅套餐，如果不是在 7-ELEVEn，是不会注意到的。同样，大创的商品以及无印良品的商品，全部都是在其他地方买不到的店铺品牌。

但是，店铺品牌的目的并不是像经营书上写的，效益更高、更能突显独特性。例如单人火锅套餐，考虑到包装费、商品管理等其他问题，甚至可以说成本比 2 人套餐还高。如果能像超市那样，购买时可以自由选择材料，那会更实惠。

详细的叙述放到第 4 章。店铺品牌的目的在于让顾客能够拥有更加满意的购物体验。大创的 Excel 参考书就是一个很好的例子。利润率与其他公司的不同之处，并不是它的目的，而是结果。

单人火锅以及香辛料的称重售卖，商品成本、操作成本反而会更高。不过这种方式如果更加符合顾客的需求，并且获得利益，就是我们公司技高一筹的地方。

这跟拥有特定的制造、加工技术，并且专心于此就可以的工厂、供应商不同，在商品备货多种多样的流通业，全部都由自己公司独自完成的店铺品牌在操作过程中会有很大的问题。

因此他们采用的是，借用外部专家的知识、技术进行服务外包。这一点在第 4 章再做详细叙述。

当然这和过去旧连锁业"本部决定一切，店铺来执行"有所不同，7-ELEVEn 初次开拓的"个性化经营"型组织才是最能称得上创新的事例，关于这一点也会在其他章节讲述。

<需求不是要应对，而是要创造>

回顾创新的本质，不管是微波炉、LED、智能手机，还是本章举出的 7-ELEVEn、半成品生鲜型超市、无印良品、大创等，它们都有共通之处。

那就是创造需求。一般情况下，在经营书中，"应对需求"这个说法经常出现。不过，本质上来说需求并不是来"应对"的。

需求只能是"创造"的。想要一个智能手机这样的需求，在智能手机出现之前是不存在的。在智能手机出现之前，如果有人想拥有跟今天的智能手机一样的东西，那么他一定是想象力相当丰富的人。

与商品不同，产品组合的创新也是创造出来的。想去 7-E-LEVEn、大创、无印良品、东急手创购物的需求，在这些店出现以前是不可能有的。需求是随着这些店、产品组合的出现创造出来的。

所谓的"应对"需求，是指需求已经存在。既然需求已经存在，显然应对这一需求的企业、店铺、商品，肯定也会层出不穷。

那么，对需求的"应对"，很快就会变成过度竞争，变成价格竞争。需求的"创造"就完全不同了。iPhone 并没有打价格战，在某种意义上一直保持着它的定价；7-ELEVEn 同样也没有打价格战。

所谓的需求"创造"，换句话说，就是指只有这个商品、这个产品组合才能催生出来的需求。其他与之相似的商品都没有。所以这是一种创新，当然也不可能有价格竞争了。接下来我们来思考一下"需求的创造"，而不是"需求的应对"。

第 **3** 章

创造需求的流通业成功
应对需求的流通业失败

1 | 去创造需求

<创造正是从"询问"开始的>

"应对需求""倾听顾客的声音"这些话现已成为早会（日本的服务业或者企业，每天早上会有简短的、鼓舞士气的晨会，也称早会）的套话。但是，需求不是用来应对的，而应该是被创造的。

所谓的"倾听顾客的声音"，指的是听从顾客的意见来决定怎么做，这正是无法自主做出决断的证据。表演落语的艺术家（落语，日本的一门表演艺术，类似于中国的相声）难道是听从观众的意见来决定自己的演绎风格吗？专业棒球队的教练难道是听从观众的意见来改变指挥方法吗？绝对不可能。

能够在听从顾客的意见之前自主决定好自己要做什么、要卖什么的才是专业人士（因为不喜欢"专家"这个词，因此在这里避开了）。

当然，我并不是在说要无视顾客的声音。但是倾听顾客的声音或意见，应该建立在一定的基础上，即我们已经提出了合适的方案，并为合适的商品、备货做好了方案，然后再去倾听。

顾客一方也是，如果突然被问到有什么意见，恐怕会很困惑吧。因此，"应对需求""倾听顾客的声音"的思维，最大的问题其实并不在于是否具备专家的资格。

问题在于，第一，要知道重要的是"回答"，而不是"询问"。第二，这个"回答"并不是自己思考得到的，而应该是从某人那里探听出来的。

这是因为，人类通常只从自己提出的问题中找答案。

无论什么时候，重要的都不是回答，而是问什么、怎么问、为什么问。

并且，如果是自己问自己的问题，人们通常不会从他人那里寻求答案，而应该是自己探索出来。这个问题在考虑需求时尤其重要。

需求正是自己思考，从而创造出来的东西，而不应该是用来应对的。而创造正是从询问开始的。

<商品、媒介、产品组合来创造需求>

从结论来看，某人根据商品、媒介（购物中心或店铺或网络等）、产品组合、信息等提出某项提案，需求则是由这份提案衍生出来的。

并不是自然而然地在顾客之间产生的如此便利的东西。当然，并不是所有的提案都会被顾客所接受。

倒不如说，无论是经过怎样的自我问询和深刻思考的提案，大部分都不会被顾客所接受。能被接受的只有极少部分的提案。

因此，提案本身正是一次超越自我的飞跃。不管怎么说都是先有某项提案才会产生需求。比起倾听顾客的声音、应对顾客的需求，更应该先提出提案。

事实可以证明这个说法。在超市出现之前，没有一个人的需求是非去超市不可的。在智能手机出现之前，也没有一个人希望自己拥有一部智能手机。

因为有营业到深夜 12 点的便利店，而且店内贩卖冰激凌，才会衍生深夜 12 点吃冰激凌的需求。

这是因为有了商品、媒介、产品组合的提案，才会出现需求。从这个意义来说，顾客在购买行为以及相关的生活上，其实是出乎意料的保守。

也可以说比起自己创造，顾客更喜欢挑选他人预先准备好的东西。不，应该说这正是顾客（不是"有"顾客，而是所有人都可以"成为"顾客）所拥有的特权。

不过提案的一方必须事先非常清楚，关键时刻顾客挑选的眼光是非常犀利的。

那么，什么样的提案能够创造需求呢？我会列举各种各样的情况进行探讨。

<需求正是像空气一样的存在>

但是，在这之前，我想再次确认一下需求的不可思议之处。即现在大家认为极其平常的事情，如果没有曾经的提案，可能就不会变得理所当然。

过去应该没有人会对在深夜 12 点找不到能买东西的店铺而感到不满。因为深夜 12 点对大多数人来说是睡觉的时间。

让我们现在认为非常不可思议的正是，24 小时都可以去便利店购物是稀松平常的事儿。

展望世界，多数国家想都没往这方面想，一般都认为深夜 12 点是睡觉时间。45 年前的日本也正是这样的国家。

因为超市和 7-ELEVEn 的提案，产生了需求，我们的购物和生活也发生了急剧变化。现在如果突然没有了超市和便利店，很多人应该都会不知所措。

某项需求在被创造之前，是无法想象的事情，不过一旦被作为提案提出，且这项提案被接受并渐渐普及，就变得必不可少，这项需求已经成为理所应当的事情。所以突然失去后，甚至可能造成恐慌。只有到了这一步，才可以说需求创造出来了。

不仅仅是超市和 7-ELEVEn，如果想到手机无法使用、快餐消失、汽车消失、电脑无法使用、瓶装水消失、网络无法使用这些情况，应该就能够理解我说的意思了。

这些现在对我们来说已经成为水和空气一样，是不可或缺的存在。

<即使人口、家庭数量一定，顾客数量也可以无限增长>

因此，第一，流通业最重要的需求创造是客户的创造，也就是说要将客人变为顾客。顾客是指不断光临本店的客人。而这点对于流通业非常重要，流通业以有限范围内商圈居民为对象。

有一个词叫作"消费者"。消费者和顾客的最大不同在于，消费者指的是人口、家庭数，也就是"实际存在"的。与之相对，顾客指的是让同一位居民反复光顾本店，这是一种"创造"。

作为"实际存在"的消费者，也就是人口、家庭数，基本上是有限的，而"创造"的客户是无限的。7-ELEVEn 正是这一典型。

首先，假设 7-ELEVEn 选择了某某县作为商圈（实际上并不以行政单位来选择商圈），并在这个范围内开设了很多店铺，店铺之间的商圈是相邻的。

说 7-ELEVEn 是典型的事例，这是因为像这样的商店即使想要扩大商圈，也无法扩大，从一开始就不得不放弃从商圈外招揽顾客。

从本店商圈迈出一步就是 7-ELEVEn 的其他店铺的商圈。住在那里的居民也没有必要故意到更远处的 7-ELEVEn 去。

对 7-ELEVEn 的各个店铺来说，在自己的商圈内创造、增加顾客，才是增加顾客数的唯一方法。商圈内的人口、家庭数量是一定的。因此，想要增加顾客数只能创造客户。因为，人口数是 1，如果光顾 5 次，顾客数就会变成 5。

如果能够让顾客反复光顾，即使人口、家庭数量一定，顾客数量也有可能无限增加。事实上，大多数 7-ELEVEn 的店铺在有其他便利店、快餐、超市的商圈内也持续保持着顾客数的增长。

这就是需求创造中的客户创造。

<为什么关于汽车的电视广告会重复播放呢?>

那么，怎样才能使商圈内的居民成为反复光顾本店的顾客，从而实现需求创造呢?

让我们来稍微间接地考虑这件事。或许有些突然而让你觉得震惊，但是你知道恋爱成功的秘诀吗? 一般容貌、性格、谈话、家庭、收入等被认为是决定依据。但是真正的成功秘诀是很单纯的，就是和对方多见面。

想要成功恋爱，就必须让对方喜欢上自己。多见面才是让对方喜欢上自己的秘诀。因为，如果多见面，才会渐渐喜欢上彼此，这就是人的本能。

而且这个方法有意想不到的效果。在多次相见的过程中，反而可能会发现自己其实没有那么喜欢对方。即使再多相见几次，对方也没有喜欢上自己，那么就会选择放弃。

这与经营并非一点关系都没有。事实上最能反映这一点的就是汽车和不动产的电视广告。方便面、化妆品、洗涤剂做成电视广告，很快就能为人所知。因为看了电视广告后，人们想要去购买，这是非常有可能的。

那么为什么汽车也会播放电视广告呢？有的节目甚至在一小时之内，同一制造商的汽车广告反复播放 5 次。反复播放 5 次就能让观众立刻站起来去买车吗？那是不可能的。

为什么电视广告会重复播放呢？我们很清楚，流通业的店铺，其重要的主题就是创造反复光顾的顾客。那么汽车广告又是为什么要重复播放呢？

仔细思考一下，我们便会了解，重复播放汽车类商品的电视广告正是创造其需求的重要条件。

重复播放电视广告正是利用了这样一种原理，即你与你喜欢的人多次相见，从而喜欢上他。

<与汽车电视广告截然不同的流通业的需求创造>

一周有 5 天看电视，并且一天看 5 次汽车的电视广告，这样一周就要看 25 次电视广告，一年间会看 1500 次以上。很多人都没有意识到自己看了这么多次相同的电视广告吧。事实上，一开始播放广告就去上厕所的人也不在少数。

不过这种事从一开始就知道。你去相见的，你希望喜欢上自己的对方也是，可能刚开始会觉得难缠、麻烦。因此，就如你每次会变换服装和话题一样，广告也会时时改变内容。不过这些并不重要。

即使被认为非常烦人，也会重复不停播放广告，只有这一点是非常重要的。如果只一周播放一次，无论多么有趣的广告都没用。尤其是汽车，并不是看了广告之后就会轻率地想要购买，因此多次重复播放广告是非常重要的。

持续播放两年会怎么样呢？原本觉得非常厌烦的你会不知不觉地想要购买，例如，想要预知到障碍物会停下来的汽车、电气或氢气驱动的汽车、多能源驱动的汽车或者能够放很多东西的汽车。悄悄地，在你心中开始创造出需求。

刚开始抱着客观态度的你，会觉得广告不过是因为想要销售而要尽花招罢了。不知什么时候开始，你也想要买广告里的东西了，那么这个东西就变成了你的需求。这其中就存在创造需求。

汽车的电视广告与恋爱是相反的，想必你已经明白了吧。广告想要让你喜欢上它，会不停地播放，来和你相见。

比起送热烈的、诗情画意的情书，直接与对方多次相见，这在创造需求上是多么的重要啊！

从恋爱和汽车电视广告来看，我们会发现流通业创造的条件与他们是不同的。不同之处在于，流通业的这一方无法主动去与对方多次相见。

<顾客不购买的商品促使顾客再次光顾>

恋爱的话，自己去与对方见面就好。而汽车广告可以主动来见你。但是，流通业里，自己去见对方或者对方来见你，都是办不到的。要让顾客多次光顾，就不得不让曾经来过本店的顾客产生想要再次光顾本店的想法。

肯定会有人认为应该散发宣传单，做电视广告。不过流通业不能对这些抱有太大的期望。有很多宣传单顾客看都不看就会扔掉。电视广告根据产品不同可能会有效果，不过销售产品组合的流通业，想要通过广告宣传是不可能的，即使重复播放也不会有什么效果。

流通业里，只能让曾光顾的顾客产生还要再来的想法，而决定的因素就是产品组合。因为光顾的顾客不可能买下店内所有的产品组合。

即使在 7-ELEVEn 这样商品种类数目有限的地方，顾客实际购买的也只是一小部分而已。也就是说，除了顾客想要购买的商品外，其他非购买商品，才是掌握顾客是否会再次光顾的关键。

这就是为什么无论卖出去多少单一产品，都不能创造客户。在客户创造上重要的不是单一产品，而是产品组合。产品组合正是使曾经光顾过本店的顾客想要再次光顾，并把光顾本店当成一种习惯。

同时，即使重复多次光顾，如果光顾的理由仅是不去这个店会很麻烦，那么这些人也并不是顾客。这和我们不得不靠饮食生存，所以重复不断进食是一样的。汇集到灾害避难所的人不是顾客。

进餐和单纯吃东西的不同在于，它并不是为了解决空腹感，而是一种乐趣。想要创造需求，重要的不是重复，而是必须要创造乐趣。

<产品组合创造真正的顾客>

这里会说明一下产品组合需要每天变化的理由。能够知道有这种变化的是反复光顾的人，而反复光顾的是不同的人，这不是在兜圈子吗？但是，我们只能认同这种兜圈子。

即使是一家超市，只有反复多次光顾，才能够知道上次来和这次来有这样那样的不同。能够感觉到新鲜感，就是指通过反复光顾而注意到上次与这次的不同。

因此，想要在产品组合上制造变化，明确产品组合的主题是非常重要的。这并不是说要设立像"顾客第一"这样的主题。而是指要让顾客每次都能感受到，应该什么时候光顾店铺，在这个店铺里能够体验到什么样的购物（甚至生活）乐趣。

很多店铺认为招揽顾客需要物品便宜、购物方便、促销等，这些与其说是在创造客户，倒不如说店铺无法创造客户，所以每次都要使用招揽顾客的手段。

例如，如果要依靠便宜来创造客户，就必须让所有商品一直都很便宜。因为无法预知顾客会什么时候，想买什么而来到店铺。

而且，如果依赖这些促销手段，就无法创造出能够创造顾客的产品组合，所以又只能依靠简单的促销手段，陷入日复一日的恶性循环。

对于流通业来说，创造客户和需求的最好方法就是确立产品组合。流通业的关注重点虽然从业种转变至业态，但还是无法进行客户创造。直到拓展出了产品组合，才算是真正找到了创造客户的道路。

2 怎样做才能创造流通业的需求

<信任才会创造客户，但是信任是什么呢?>

为了让客人想成为顾客，创造这种需求最重要的就是信任。不过这里要事先否定一件事。这里说的信任并不是精神方面的，而是现实的信任。

举个例子。顾客去书店，有时候没有什么特殊的理由。那么我们假设顾客是要买特定的书籍而去书店。要去哪里的书店呢？不用说也知道要去有可能买到这本书的书店。这就是信任。

但是这个信任是因为有顾客想要买的书才有。举书店的例子是因为书籍是一种以单品形式购买的东西。顾客想买的是三岛由纪夫的《兽之戏》的话，即使有三岛的其他著作也没有意义。因为有那本《兽之戏》，才有了信任。

相反，时装店的话，首先，不可能设想好想要买的特定单品而去购买。因为你仔细构思的单品在任何店铺里，其存在的可能性都是零。正因为如此，时装店也同样存在信任问题。

这时候所说的信任是指，在那个店里一定能够发现适合自己的、自己想买的时装。如果是这样的话，无论是书店还是时装店，可以坦率地说，信任是指初次光顾的某个店铺。当然在那个店铺里如果没有找到自己的目标商品，可以去其他的店里找。

如果这样想的话，也可以说，信任是指顾客要买什么回去。说它现实的理由正在于此。因为在店内买了东西就意味着，这个店内有值得购买的东西。难得来了，没有人会买自己不想买的东西回去。

<即使没有保证还是选择相信，才是真正的信任>

好像也可以这么说，顾客购买的商品种类越多，信任会随之加深。顾客会来光顾是因为有想要买的东西。尽管如此，还是什么都没有买就回去了的话，这就意味着背叛了顾客的信任。

在超市只买了三样东西的客人，是有急事的顾客吗？如果不是，就是觉得这家店不好。当然，买了15样东西的客人很满意，他接下来很有可能成为顾客。

在英语里，把什么都不买只逛逛的顾客叫作"walkout"。这是指难得来一次店里，却没有产生信任，背叛了的顾客。

在这个意义上，较为独特的是家具店的宜家。宜家是卖床、餐桌等家具的店铺。买家具的时候一般都会看好几家店铺。当然，只看不买的顾客就会很多。

　　这就是为什么宜家会销售期刊架、花瓶、枕边摆设、载物台这些很容易让人想购买的小物件。床可能还要再考虑一下，但是花瓶很可爱想买一个，于是就买了。

　　购买本身就是对宜家的信任。

　　美国连锁店冠军的沃尔玛推出的"天天平价（EDLP）"也是一种信任。在日本，"天天平价（EDLP）"被误解为某种商品一直以低价出售，但事实并不是那样。EDLP 是指一种约定，即一周一次，一年 52 个周在沃尔玛购物的消费总额，比在其他店铺买同样的东西所花费的要少。

　　但是冷静思考一下，这个约定无法被证明。虽然说是要在其他店铺买相同的东西，不过根本不会有顾客这样做。也就是说，这个 EDLP 是无法被证明的约定。

　　即使这样，沃尔玛的顾客却相信着这个约定。这就是我们所说的信任，比如在那个书店一定会有这本书，那家店一定会有想买的时装。

<顾客也会仔细看今天不买的商品>

　　这样看来，每次来购物都会有不满足的地方，在某种意义上也可以说是一种信任。因为，顾客无法买下店内供应的所有产品组合，也没有必要买。

这也就是说，其实很想买，但是今天没法买，没有必要买，今天先不买，所以下次再来，因为这家店里有想买的东西，这样看来，正是抱有这种不满的顾客，很有可能为了去买这样东西而再次去这家店，从而成为顾客。

顾客好像没有在看这家店的产品组合，但其实一直在看。一般顾客会寻找自己想买的东西。因为无论什么样的购物都有时间上的限制，所以应该不会看没有必要购买的东西。

7-ELEVEn 是一个很好的例子。首先，不会有顾客在 7-ELEVEn 待上 30 分钟。当然顾客不可能看了店内所有的商品种类。不过大多数顾客也会用余光看到今天没有必要购买的商品。

在这家店里有什么样的商品，也就是说这家店的产品组合是什么样的呢？顾客不是在以这种复杂的词汇或者说理由购物。却会本能地感知到这些东西。

因此，当想要买什么的时候，想起那家店里有卖这样东西，而这样东西现在又变得很需要。前面提过去书店买书的顾客和去时装店买衣服的顾客的例子，他们最先去的值得信赖的店铺，几乎都是这样的店铺。

顾客不是来店里做调查的，也不会计算商品种类数量。不过能明白是不是这次应该去的店铺。店铺也一定期望着曾经光顾过的客人能够成为本店的老顾客而再次光顾。事实上，顾客也无意识地揣摩着这家店是否有再来一次的价值。

如果不能让顾客有想要光顾的想法，就无法创造客户。这并不是流通业的弱点，倒不如说是它的一大优点。

<他人的需求正是自己的需求>

创造需求的第三个要点就是卖"故事"。

战后支持着日本"大众化"的"西洋化"，或者说是"美国式文化生活""电子生活"正是典型的事例。同样，生活方式被以连锁的方式进行产品组合也是"故事"之一。

不用"平时"这个词而用"everyday"，不说公众必需品而说"commodity"，同样也是故事。"supplement"（补品）、"diet"（减肥）和"health"（保健）也是"故事"。

看了这样的例子，"故事"在创造需求上有多么强大的影响力，您已经明白了吧。"故事"在创造需求上有自我增值的作用。

某位法国心理学家似乎说过"欲望都是别人的欲望"，"故事"正是因为他人的参与才变得对某样东西起劲儿。过去人们相信"一亿人口皆中流"（日本曾在 20 世纪 70 年代经济高速增长期做过调查，问大家属于哪个阶层，结果 90% 的人都认为自己属于中等阶层，所以才有了"一亿人口皆中流"的说法）的故事时，如果邻居买了什么，那么自己不甘落后也会去购买同样的东西。

上面列举的大众化、西洋化、文化生活、电子生活、生活方式等，无论哪个例子都能说明"故事"拥有强大的力量。这是因为人们被邻居、同事或某人拥有的"他人的欲望"攀比着。

"Supplement""diet"和"health"能够成为拥有力量的"故事"的原因是，人们被"大家都这样做"这种他人的欲望所支撑着。并且，现在在电车中，在街头甚至十字路口边走边玩手机的人非常多，再没有比这更能显示"他人的欲望"所拥有的强大力量了。他们同时被 line（日本聊天工具，类似于微信）、邮件、网络和谷歌等他人的欲望吸引着。

畅销书正是他人需求衍生的产物，即他人读了，自己也要读，他人才是最大的尝试契机。

这样，巨大的需求被创造了出来。

<独一无二的不是时装>

但是没想到人们并没有注意到，时装正是证明他人的欲望这个"故事"与需求创造直接相关的最好的例子。

大多数人都误认为时装是个性。不过如果将个性看作独特的、独一无二的某样东西，那么就没有比时装更具有个性的了。

因为没有什么比时装更清楚地体现出被他人欲望支配的了。

128

如果只有你一个人穿黑色服，没有任何人会说那是流行色。

如果想要黑色被公认为流行色，就必须有很多人，除了你以外的其他人穿着黑色。只有在这种情况下，黑色才会被称为流行色。

这里的其他人，不能是少数的其他人。如果只有少数的其他人穿着黑色，那并不是流行色，是自以为是而已。能够保证黑色是流行色的，不是你的个性之类的东西，而一定是数量上的多数其他人。

这些人开心地穿着黑色之后，黑色才会成为流行色。真正意义上想要发挥个性的话，倒不如忽视时尚。

那个黑色的东西是在哪里买到的呢？应该是在某个店里买到。这件事本身就表示了，那个黑色的某样东西不止一件。你所拥有的那样东西，其他多数人也一定拥有。

虽然在这里举了流行色的例子，但这并不局限于颜色。时装线、风尚、时装材料也是一样的。

而决定性证据就是要试着回忆你是什么时候换成流行色的。你不穿黑色衣服的时候，一定是大家都开始不穿黑色的时候。

<1 美元店里为什么卖 X 型号的圣诞树?>

时装方面，人们有意识地去创造"故事"，前面说的 1 美元店却并不是从一开始就考虑到了生活方式这种"故事"。只是将卖剩下的商品以低价进货并低价卖出而已。

在1美元店，倒不如说是顾客以店内的产品组合为线索创造了"故事"。表明这一点的还有另一个特征，那就是1美元店里销售许多非生活必需品。

比如说，圣诞节快到的时候，大多塑料制品、中国制造的装饰物会在柜台中央销售。

虽然人们的生活比较艰难，但也会想，至少在圣诞节，哪怕只是一个形式也要庆祝一下，即便喝便宜的酒也要举杯庆祝。

1美元店最初并没有注意到这件事，而是后来从顾客那里学到的。因此，不仅销售小包装的生活必需品，也在卖场中央放置低价、富有生活乐趣的商品。

这不就是利用了美国人的生活差异大，从而衍生的产品组合吗？

不过经济差距是政治和社会应该解决的问题，并不是一个连锁店的经营、产品组合或者说"故事"可以解决的问题。

1美元店即使为国家担忧也解决不了什么。同样的道理，医院和殡葬公司并不是在利用别人生病、死亡的弱点。在这一点上或许会有不同的意见，但从经营的角度来说，即使是这些令人苦恼的事情，如果把它与需求创造相结合，也有可能创造商机。

<创造了 DIY 需求的家得宝>

在需求创造上的第四个契机是"教授"这件事。

典型的事例就是美国具有代表性的连锁家庭用品商店——家得宝。在家得宝创始人的书籍《家得宝》（岛田阳介翻译，钻石社 2000 年出版，绝版）的前言中有这样一个故事。

创业人在创业三年后的一次聚会上询问有多少人在做家具 DIY，400 人中有 20 个人。而 16 年后再次询问的时候，450 人中只有 15 人没有 DIY 的经历。

这就是家得宝利用产品组合教给大家进行家具 DIY 的结果。因为很成功，所以多数人将家具 DIY 视作理所当然的生活方式，家得宝也因此创造了需求。

虽然在日本家庭用品商店，根据购买率备货的业态一时间被当作真理备受支持，但是没想到身为家庭用品商店的创始者——美国家得宝，它从创业以来到现在，就一直坚持忽视购买率，对生活方式的产品组合进行个性化经营。

百吉圈（一种面包）在日本曾经是备受瞩目的商品，但其地位还没有得到稳固就消失了。而在非常了解百吉圈食用方法的美国，例如韦格曼斯食品超市，百吉圈都会和熏鲑鱼、奶油干酪摆在一起销售。

韦格曼斯食品超市可能认为顾客一般都会一起购买，所以

家得宝的卖场

韦格曼斯食品超市的百吉圈和奶油干酪、熏鲑鱼摆放在一起

就将其摆在了一起，但恰好这样一来，即使是初次购买的顾客也可以知道百吉圈的美味吃法。

那么百吉圈就不会被其后的流行所取代，而是作为一种生活方式留存下来。

不只是百吉圈，冰激凌、甜甜圈和墨西哥饼都是因为只作为流行单品推出，而没有和美味的食用方法一起介绍，所以一个接一个地不断重复着"出现、消失，消失、出现"的过程。

<"长谷川佛龛"的需求创造>

当然，在日本也有几家超市连锁店将红酒和奶酪摆放在一起，牛排和辣根酱摆放在一起，营造出教授美味食用方法的商品群，并将其以卖场的形式呈现。无论哪家超市几乎都理所当然地将火锅的材料摆放在一起。

到目前为止，超市中依然保留着以前业态的"纪念"，即鲜鱼、精肉、果蔬、乳制品、调味料等以品种、类别划分为各个卖场。之所以这么说，是因为业态就像曾经的家庭用品商店那样，比较典型的备货方式是依据购买频率，进行综合备货。

将这种新方法理解为卖场创造、陈列手法是错误的。其可行的原因是，家庭用品商店也好、超市也好，都舍弃了业态备货的思维，变成了产品组合。这并不是虚假的促销活动，而是一种备货方式。

从这个意义上说，和家得宝一样从一开始就埋头于产品组合的并不是家庭用品商店，而是"长谷川佛龛"。"长谷川"和大多数只满足于集中卖佛龛这一种高价商品的店不同，很早开始就不只卖佛龛佛具，还涉猎从葬礼筹备到法事、供奉方法等与法事有关的全部准备工作的产品组合。

现在，"长谷川"进一步发展，甚至将墓地、墓石也加入产品组合中。"长谷川"正是一直不根据购买率，而是将生活方式作为主题进行备货的。恐怕是因为一直以来存在的两代、三代共同生活现象的急剧减少，看到很多突然面临家族成员死亡的顾客不知所措，才具备了这样具有洞察力的眼光吧。

"长谷川"的例子不仅暗示了"教授"可以创造需求，还暗示了"教授"反过来也能从顾客身上学到东西，由此产生新需求这一点。

3 │ 制造需求创造的契机

<细节才能创造需求>

第五个创造需求的契机是细节。最简单易懂的例子就是 iPhone。iPhone 能如此畅销，并不只是因为它作为智能手机的功能。

还有良好的触摸感、精致的触摸屏、机体四面柔和的曲线、轻薄的机身等功能，以及包装上注意细节，这才是 iPhone 如此畅销的原因。

在像日本这样自来水可以直接饮用的国家，瓶装水仍旧如此畅销，是因为瓶装水的包装是方便拿取、轻快且随意的塑料瓶。如果瓶装水变成罐装，不仅重还给人笨重的感觉，所以不会卖得这么好。

这些正是细节创造需求的例子。iPhone 的机体和瓶装水的瓶子都不是其自身的功能，但正是因为有了这些细节才得到了顾客们的支持。

7-ELEVEn 的店铺能够受到大众支持，也是因为人们注意到了店内的柜台和陈列的细致。之前提到过的商品之间没有空隙，严格执行商品摆放顺序，这就是所谓的严格遵守摆放细节。

顾客并不是柜台和摆放的专家，也不是评论家。只是为了买杂志和便当才来光顾的，本应该只看这两个柜台的顾客也会无意识地、敏感地察觉到店内和柜台的气氛，以及是否有脱销的产品等细微之处，也就是细节。

亚马逊会如此成功的原因之一就是，采用了长尾销售，即销售在普通的店里受到物理性制约而不卖的、销量小的商品，拿书来举例子，亚马逊甚至会卖书店里没有的古书。这也是细节创造需求的例子。

沃尔玛的自有品牌

美国的沃尔玛近年更新了自有品牌的包装。将大多数自有品牌的设计统一成以白色为基调，其上显露出商品的彩色照片或者插图的设计。

美国的自有品牌与其说只专注于品质，不如说是以便宜为卖点的商品。因此容易被怀疑是否忽略某些品质、降低成本以达到低价销售的目的。

沃尔玛将自有品牌的包装设计焕然一新，其原因也是为了扫除大家的疑虑。因为一般商品的包装都是为了摆放在货架上比较醒目。

相同的商品种类、商品群，会和竞争对手公司的商品放在一起陈列，因此醒目这一点非常重要。而沃尔玛却采用了简单的设计，一是为了强调我们的品质可以信赖，二是因为在争奇斗艳的设计中简单的设计反而会更加醒目。这也是一个证明重视细节有多么重要的实例。

<创造和服便装的企业——"大和和服">

最后我想列举的创造需求的要点是创造契机。将需求创造看得高大上的人，最后听到像"契机"这种无关紧要的词或许会震惊吧。

多数情况下，人们只是想要实现愿望和欲望。只有孩子，会有像鸟一样自由地在空中飞翔，像鲸鱼一样豪迈地在大海畅游这种期望，其他人从一开始就不会有这种期望。因为他们早已知道这是不可能实现的。

于是，一般不可能实现的、从一开始就放弃了的愿望，是需要用契机来把这种愿望激发出来的。

例如，看着在成人礼上穿着和服的男生、女生，会有人觉得太可惜。因为明明平时都不穿和服，只在成人礼上穿，却要去租借、去花费不必要的钱，更不用说要花费更多的钱去买了。

但是这是错误的。正是因为有了要在成人礼上穿和服这个契机，并借此机会了解到了和服的好处，才有可能想要再次穿上和服。

时装现在已经商品化了，从早上起来到晚上都穿便服。这是因为便服与其说是时尚，不如说它更接近于商品。事实上，所谓的快时尚就是几周内成为真正的商品。

所以，重新审视和服，它和很快就成为商品的时装不同，于是"大和和服"提出了和服是否能成为新的便装的创意。

在成人礼上穿和服可以说是最好的契机。如果没有成人礼这个机会，可能一辈子都不会穿和服，穿了和服才会重新审视和服。如果没有穿过就不会知道，和服与时装不同，时装由于要参加劳动、运动等，所以要贴合身体，而和服能够让人觉得身心舒畅。当然，连锁店也应该陆续找到类似这样的契机。

<"方便购买" 创造需求>

更直接的契机就是方便购买。在第六章讨论的网络就是非常直接的例子，网络之所以受欢迎，就是因为只需在家里使用电脑，精心挑选之后，单击一下就能购物，十分方便。

亚马逊受地域因素影响，虽然只有在有库存的时候才能实现购物，但各种各样的商品当日即可送达。优衣库也计划导入网络订购且当日送达服务，因为会有很多人希望购买后当日即可送达。这可以说是非常出色的需求创造。

便利店的 24 小时营业也是方便购买的体现。如果 24 小时营业，那么无论什么时候，只要需要就可以去购买。今天就能买到，想买的时候就可以买到，这种契机，反而创造出想要购物的需求。

无论是百元店的成功还是 1 美元店的成功，都是因为商品的低价格成为了方便购买的契机。

如果没有购买方便这一契机，顾客就会慢慢地拖延到外出的时候再买，最后干脆不买了。谁都经历过看过商品目录后，看好一样一定要去买的商品，并在那一页折个角，事实上却并没有买过。这并不是商品本身的错，而是懒得下单，拖延之后就放弃了，因为购买过程太麻烦了。

电视购物非常清楚这一点，为了让人们看到后马上就去买，下功夫研究了这样那样的一系列计策。同样，电视广告一味地在搜索中引导大家访问网络首页，这也是因为在网上下单非常简单、方便，并且这种方便性成了一种契机，令很多人都不自觉地下单购买。

<为什么实体店比网店更具优势?>

与之相近的是"灵机一动的选择"这种契机。比如，今天真冷啊，想吃一杯关东煮的，这时恰好附近就有7-ELEVEn的店铺在卖关东煮。

因为有了7-ELEVEn，这个灵机一动的想法就会成为现实。当然准确地说，应该是因为附近有7-ELEVEn，并且知道那里有卖关东煮，所以才会想到今天这么冷就吃关东煮吧。

不仅是冷了就吃关东煮。热了，可能会想吃应季的荞麦面。之所以会这样想，是因为有能够送外卖的荞麦面馆，所以才实现了这个"灵机一动"的想法。

就像在本章开头说的那样，正是因为先有了店铺、媒介、信息、商品的存在，才能够创造需求，因为人们从最开始不会想到那些无法实现的欲望。

但是不管哪一个在先，灵机一动也可以说是一种现实的需求。在网络上被首页诱导，不经意间就下单了，这也是一种

"灵机一动的选择"。

但是最可以称作"灵机一动"的购物是，看了店铺里的陈列，不经意间就买了东西。无论是在超市还是时装店，我们都享受着这种直接的"灵机一动"。我们去餐厅也是因为看了餐厅的菜单，马上就享受到了"灵机一动"的点餐。

无论如何，店铺和卖场对需求创造来说极其重要。其原因是我们可以冲动地来一次"灵机一动的选择"。恰恰是店铺和柜台让我们体会到了临时起意购物的乐趣。

问题是柜台、产品组合和陈列是否可以一直促使人们做这种"灵机一动"的冲动。店铺和柜台在这一点上，比网络要有利得多。

<自由选择数量能够创造需求>

自由选择也可以成为契机，在这里说的自由选择是指自由地选取自己所需的量。超市的沙拉柜台、汤汁柜台、西式泡菜柜台、芝士柜台、自助柜台、红茶的茶叶和砂糖等，都可以自由选择购买量。

自由选择能够成为契机是因为可以稍微尝试一下。没有比让人用手取、让人品尝、让人接触和试用更能驱使顾客购买的了。比如，时装也是大多数顾客试穿后再购买。

哪怕只买一点点也可以，那就试试吧，这种尝试的心理就创造出了需求。尝试一下至今没有买过的西式腌菜，将沙拉和芝士搭配试一下，如果没有自由选择的机会就不会有这种行为。所以试穿才经常成为人们购买衣服的理由。

更重要的是，让人们尝试之后，才能让顾客实际感受到本店为什么会提供这样的产品组合，才会让顾客体会到品种丰富的真正含义。

在日本，包装沙拉卖得很好，而几乎每个柜台自选沙拉的销量都不好。这是因为沙拉的材料分开放置，材料的鲜度很快就没有了，所以卖得不好。在美国自选沙拉也销量不好。

其原因是在沙拉定位上的误解。在美国，沙拉是晚餐时食用，而在日本沙拉主要是在早餐和午餐时食用。所以美国有沙拉的餐厅都是晚餐餐厅。

晚餐的话，食用的量和种类都受重视。但是早餐和午餐的话，量很少，种类也不被要求。可以改变这种饮食习惯吗？可以让大家尝试各种各样的沙拉吗？无论怎样，要想做到这些，让大家体验尝试是不可或缺的。幸运的是，顾客现在不只自己制作，也已经习惯了食用包装沙拉。这应该能够成为体验尝试的突破口。

沙拉柜台（上）和包装沙拉（下）

<流通业的季节指的是俳句的季节用语>

制造契机的最后是季节和区域的对应。

在这里基本上把季节认为是"周"。在时装界，就是 2 周、3 周。而且这种意义上的季节也是创造。这和俳句的季节用语是相似的。

在日本《岁时记》的俳句中，蝉、浴衣、西瓜、冰激凌等都会和夏季捆绑，这是因为每个季节用语都各自代表着每个季节，每个季节都会有当季发生的事。

虽然说顾客和他们的生活每天都在变化，但那并不准确。流通业或连锁店应该通过每个季节（周）提出提案，创造出变化，而这将反映在顾客的生活中。

引用一个容易理解的例子，就是正月也好圣诞也好，都是因为流通业或连锁店的提案而变得更像正月、更像圣诞节。装饰、杂煮的材料、年夜饭，盛装，这些将物理上只是一圈一圈转的地球的某天变成了"正月"。

同时即使在同一个圣诞节，对便利店、超市、时装店，顾客期待的东西是不同的。因为，产品组合创造顾客，而顾客会期待不同的产品组合为他们带来圣诞节的哪个乐趣。

在这里举正月和圣诞节的例子是为了让大家能够理解季节的意思，最重要的不是正月和圣诞节，而是将每周都变成小圣诞节、小正月，那样才是真正的需求创造。

这么说是因为在圣诞节和正月，即使流通业和连锁店什么都不做，顾客自己也会创造季节。这种情况下，就不是流通业和连锁店在创造需求，不如说他们是在应对需求。

考验流通业和连锁店创造季节的真正实力，是看他们如何把每周都变成小圣诞节、小正月。这就是所谓的创造与各个季语相对应的东西。

这样看来，这个意义上的季节就算你不喜欢，也会与地域紧密相连。因为即使是同一个圣诞，寒冷的地方和温暖的地方，孩子多的地方和老人多的地方，离都市近的地方和离都市远的地方，过圣诞的方式当然会有所不同。

更不用说，如果是每周的小圣诞，根据地域有所不同也是自然的。那么，流通业和连锁店，就需要结合各个店铺的情况考虑，提出相应的季节提案比较好。

不管地域，无论哪家店铺都用统一的季节提案的企业，那是优先考虑了自己公司的方便性。这也是很多连锁店减少店长和店铺经理、节约人工成本的原因所在。

非常熟悉这片区域的店长，就能发挥出它的潜力，地域也不是原来就存在的，而是通过流通业和连锁店的提案创造出来的。

在这里想要强调的是，并不是先有地域，流通业再去对应。而是先有了流通业，地域化的生活才被创造出来。

在有 7-ELEVEn 的地区和没有 7-ELEVEn 的地区，地域的生活明显不同。在有八百幸超市的区域和没有八百幸超市的区域，地域的生活也不同。

因为只要顾客不搬家，只知道自己所在的区域，不去关心他人的区域，就不会察觉到区域生活的不同。但是至少创造需求的流通业和连锁店必须有这种敏感性。事实上，如果顾客搬家的话就能够感觉到因为有不同的店铺，地域生活和季节也各不相同。这就是流通业和连锁店创造出的地域性。

一直以来相信市场的想法，至少对于流通业来说，是个陈旧的想法。这是下一章的主题。

第 **4** 章

做商品销售核算的流通业成功
做市场营销的流通业失败

1 市场营销的思维方式不适合流通业

<对市场营销的想法持有疑问>

从很久前福特工厂的作业效率，一直到最近的德鲁克经营学，"市场营销"这个词在经营方面可以说是神一样的存在，一直使用至今。

那么认为流通业应该对市场营销持有一定疑问的人，像信徒说出对神不恭敬的话一样，不合常理。

而且流通业可以说是一个经过好不容易摸索才找到市场营销的新手。市场营销最初是从美国开始的。战后迅速引进这种思维的是做原材料、制造、加工、销售的制造商，特别是以大众消费者为对象的制造商。

很晚才发展成为企业的流通业，他们的制造商们费尽心思将美国的市场营销翻译成日式风格，并彻底掌握；将其发展为日本企业独自的市场营销，并进行学习。

那个时候，日本制造商的市场营销一度成了世界一流。除欧美外，店内货架上国产商品非常多的也就是日本了。

因此，毋庸置疑，流通业特别是连锁店，从市场营销的创意中获得了巨大的恩惠。即便如此，既然已经对这个市场营销提出疑问，就必须有充分的证据和说服力。

即便是这么想的，如今没有人会专心于这样棘手的事情，这也是理所当然的事情。

现在绝大多数的流通业或连锁店，以及流通业的媒介、相关人员，应该对这个市场营销的想法没有任何疑问。

那么为什么还要在这里提出疑问呢？在说明理由之前，我们先看问题。

<消费者、大众、中产阶层都是不存在的>

首先，谨慎的读者应该已经注意到了，直到现在本书主要使用了客户或顾客这个词，在经营类的书中频繁出现的消费者（或者生活者）这个词，只在进行消费者和客户对比时使用过一次。

广泛普及的词汇"生活者"，这个词代替了"消费者"这个词，但本书故意不使用。这是因为想要避开所谓的政治倾向（政治家认为自己是正义的代表），不用"生活者"这个词，用"消费者"这个词也足以表达出意思。

那么为什么避开消费者（生活者也可以）这个词而使用顾客或客户这些词呢？并不只是消费者这个词。大众、分众、中产阶级等这些词也完全没有使用。

理由是我们可以认为，目前存在的只有顾客，而消费者（用户或生活者）、大众、中产阶级都不存在。

现实中存在的只有各个店铺的顾客。

我们每个人都是某个店的顾客或客户，通过购物来维持生活。

流通业经常使用的数据之一就是日本总务省统计局发布的家庭收支调查数据，只存在顾客这件事否定了家庭收支调查的数据。

家庭收支调查是指调查国民或者某一自治区居民的家庭支出，并计算出的平均值。这本来是以消费者的平均值存在为前提的，将家庭收支调查作为参考数据是因为显示出平均值的消费者是实际存在的。

在前一章指出了需求不是用来应对而是应该创造的。在这一区域是否有 7-ELEVEn，消费和生活会完全不同。那么，列出有 7-ELEVEn 的区域和没有 7-ELEVEn 的区域的消费平均值又有什么意义呢？

<不要相信家庭支出的数据>

假设在现在没有 7-ELEVEn 的区域，大量开设 7-ELEVEn

店铺。那么这个区域的消费和生活也会发生变化。这意味着家庭支出这个数据本身及其意义也会改变。

这种情况并不限于 7-ELEVEn，罗森和全家也是一样的。而且并不只是便利店，是否有百元店，是否有八百幸超市，是否有永旺超市，情况都会有所不同。

很神奇的是，家庭收支调查数据在这些店铺出现前和出现后，有这些店铺的地域和没有的地域，即使没有太大的变化，家庭收支数据的内容也完全不同。

消费者、大众、中产阶级这些词语完全无视了这些，只是在根据家庭支出的最终数字进行假想。实际上只不过是有 A 店 B 店 C 店的区域，顾客购物以维持生活。

那么为什么至今的商圈分析中一直使用家庭收支调查数据、消费者、大众、中产阶级这些词呢？这是因为大多数国民事实上就是平均值，而且存在大众、中产阶级。

因为消费者的平均值，大众、中产阶级确实有，但并不是要应对他们的需求，而是要创造需求。其中的典型例子就是松下幸之助所说的"自来水哲学"。

具体来说，家家户户都已经普及了冰箱、洗衣机、吸尘器、电饭锅、空调。消费者、大众、中产阶级，这些需求正是以松下为代表的制造商通过市场营造出来的。

本书指出的是，有店铺还是无店铺，消费和生活会发生不同变化。不可能有平均值的观点，是基于这个基础而言的。但是如果平均值式的生活普及开来，在这个基础上展开的生活又会根据店铺不同而不同，没有成为平均值，这也是理所当然的。

<厂商和流通业，顾客从根本上不同>

对市场营销抱有疑惑的第二点理由是厂商和流通业有根本上的不同。厂商一般是在某样东西的原材料、制造、加工领域非常专业化、特殊化的企业。厂商就是流通业中的"业种"。但不同之处并不是这些。

不同之处在于，正因为厂商在特定领域上比较专业化、特殊化，所以与流通业不同，厂商不得不在全国寻求市场。

饼干或者威士忌的制造商，假如只把石川县作为市场，实在称不上上策。如果可以的话，把全国作为市场比较好。

流通业却不同。现在全国都有连锁店的企业，最开始也只能从某个限定的地域开始。7-ELEVEn、优衣库、大创、岛村都是这样的。

即使在全国都开设了连锁店，流通业也只能把每个店的商圈作为对象。而制造商从最开始就瞄准了全国。即使是在全国都开设了连锁店的 7-ELEVEn，也只能把各个店铺的商圈作为对象。

也就是说无法挑选顾客。饼干或威士忌的制造商可以无视不喜欢饼干和威士忌的人。但 7-ELEVEn 无法挑选住在商圈内的居民，而不得不把所有人都视为客户。

制造商在选取某个商圈的时候，并没有考虑一开始就把住在那里的全部居民视为对象，也没有那个必要。人口有 5 万人的城市的 10%，也就是 5000 人能够成为顾客，瞄准 5 万人的城市中的 100 个地方的话，顾客数就能达到 50 万人。

流通业却不能这样，在有 3000 户的商圈中取 10% 的顾客则是 300。当然让这些居民每周光顾一次，那么一个月的顾客数就会变成 1200 人，但这并不够。如果不能让 3000 户居民每周都来一次，就会收支不平衡，这就是流通业的特质。

<市场营销的对象是全国，流通业的对象是商圈>

以上的说明事实上还不十分充分，因为只不过是理论上结合数字进行的说明而已。重要的不是说明，也不是认同，而是感觉。

制造商即使是起步很小的工厂，也能够拥有从最初就把全国放入视野的感觉。

相反在流通业，现在无论是多么大的连锁店，也不得不保证各个商圈的各个店铺能够收支平衡，像这样的经营，就是不得不把限定的商圈放入视野的感觉。

反过来，试着考虑一下市场营销是什么吧。市场营销潜在的对象绝对不是限定好的商圈，而是某个宽阔的市场。

以上情况，大家应该可以信服吧。市场营销的思维方式本来就是瞄准某个广阔市场的企业的想法。

不，事实上倒不如说正好相反。在本质上，制造商是为了瞄准某个广阔市场，那么怎样才能抓住市场呢？探求方法、思维方式，并进行总结的正是市场营销。

到现在为止制造商没有发现市场营销的思维方式，其本质是因为他们没有这个必要。那么在这里就会有一个疑问。

为什么流通业会把这种方法论继承过来呢？这正是因为这种有一定本质的市场营销的思维方式，偶然适用于本来只能将一定商圈作为对象的流通业。这就是前面指出的松下的"自来水哲学"（日本松下公司的松下幸之助提出的经营理念，即把优质、廉价的商品像自来水那样充足地提供给顾客）所象征的大众化时代。因为"流通革命"，认为制造商和连锁店对立，其实只是表面上的错觉。制造商和连锁店在这个时候把同一市场当作对象，所以才会对立。

<"流通革命"和"自来水哲学"曾有相同的目的>

例如，大荣株式会社的创始人中内功所主导的"流通革命"正是市场营销这种思考方式有多么不适合流通业的证明。而这就是对市场营销持有疑问的第三个理由。

"流通革命"用一句话说就是想用比厂商的定价还要便宜的价格卖出。为此，流通业连锁店不得不争夺制造商价格决定权。要做到这点必须扩大企业规模，必须增加连锁店铺的数量，"流通革命"就是这样一种理论。

那么为什么"流通革命"拘泥于便宜呢？当然，不能说没有因为价格实惠而使营业额增加，战胜竞争对手。

但是流通革命主张低价销售，其最大目的并不是私欲。连锁店可以堂堂正正地主张以低价销售，是因为考虑到自我低价销售要比让制造商定价销售更好，这样更能将电子生活更早地向更多的人普及。

现在回头看，不得不说"流通革命"的目的事实上和"自来水哲学"是一致的，不同的只有方法。制造商和连锁店的利害关系其实是一致的。不如说正是因为二者目的是一致的，才围绕着方法，针对谁掌握领导权而产生了激烈的对立。

这个目的就是市场营销的目的，将人们划分为大众、中产阶级、平均消费者。但是这并不是在怀旧。这在现在也是十分有活力的话题。这之后，流通业成为连锁店，争夺价格决定权，变得能够低价销售。现在也遵循这个理论进行着低价销售。

可以说这正是支撑着自有品牌市场营销的这种思考方法的残渣。当然作为创造自有品牌的一方，并不存在曾经的流通革命的主张。

正是现在，低价贩卖成为增加营业额、招揽客户、战胜竞争对手这种追求企业目的的手段。

＜将工厂理论直接应用于流通业的"连锁理论"＞

在这里非常明确的是，无论是站在"自来水哲学"的立场，还是站在"流通革命"的立场，问题都在于"普及"上。

通过开展连锁店来扩大企业规模，并以此争夺价格决定权，低价贩卖的最终目的就是普及。广义上的广告宣传就是开展市场营销的方法，宣传产品的优点，组织商店进行连锁销售的目的也是普及。而普及就是指，拥有一样的或者非常相似的生活方式的人们，也就是大众、中产阶级、平均消费者增加。

所以流通业连锁的战略主题变成"急速增长"也是理所当然的。普及并不是指花费 100 年成为那样，而是在 4~5 年内达到。当然想要达到能够左右价格决定权的规模，就不得不快速开设连锁店。

那么什么样的连锁店能够做到快速开店呢？统一的销售连锁店才能做到快速开拓新店。这种想法，即将工厂大量生产的理论直接应用于流通业，大量生产"店铺"这种统一的东西。必须像工厂大量生产产品一样去开新店，这就是连锁商店的本质。

基于连锁理论快速开设新店，形成统一的商店连锁，以此扩大企业规模，能够实现低价销售，这样的话，大众化也会尽快实现。在这里，不是先有了大众，连锁店才大量销售商品，而是因为连锁店大量销售商品，所以产生了大众。

为什么流通业能够与来源于制造商的市场营销的方法相融合呢？理由就在这里。与此同时，为什么不得不对市场营销的方法抱有疑问呢？理由也在这里。7-ELEVEn 为什么不惜与盖然性相悖也要选择店铺个性化经营，而不选择统一的商店连锁呢？为什么这样又能得到支持呢？其理由也在这里。

2 为什么市场营销是制造商固有的思维方式呢？

<对"市场营销"这种人类主义的质疑>

除了上述阐述的理由外，还有更加特别的、流通业或连锁店不得不对市场营销这种思维方式提出质疑的第 4 个理由。

在大众、中产阶级、家庭收支情况调查所展现的平均消费者这个"故事"中，已经没有了创造需求的力量。东南亚和中国可能还在不断产生大众。不过至少在日本，这个故事已经没有说服力了。

以全国为市场的制造商，即使没有了大众，也可以继续采用市场营销的方法，这已经在第二点理由中说过了。

不过流通业，并不能把全国视为市场，无论多大的连锁店，各个店铺只有各个店铺的商圈。这样的话，就不能只针对特定的目标。

必须针对住在这个商圈的各种各样的人提出能够创造需求的提案。而且和一旦发布划时代的新产品，就可以暂时靠着这个商品走下去的制造商不同，流通业必须每天、每周提出提案。

那么我们就能看到市场营销这种方法的致命缺陷。用一句

话来说就是可以称作"人类主义"的倾向。这里说的人类主义
既不是思想上的人类主义，也不是人道主义，而是更加现实的
意义。

市场营销会列举出人类各种各样的属性，从这些属性的组
合中创造出"消费者形象"，而这个消费者形象又是如何进行消
费活动的，市场营销要去探索一系列相关思维方法。

那么，这些思维为什么不能应用在以商圈为对象的流通
业呢？

<创造出"大众"的市场营销现在是无效的>

将市场营销称为人类主义是因为，市场营销是一种将人们
以属性划分，思考各种属性的组合，并从这些属性组合与购买、
消费、生活行动中找到理论性关联的方法。

属性是指，年龄、性别、收入、资产、职业、婚否、家庭
结构、居住形式、购买的手段、时间、方法（例如：车，徒
步）等。

因此，假设有一位 30 岁的未婚男性，他是一名年收入在
500 万日元以下的派遣人员，一个人生活。那么我们会得到他买
了某某商品，成为某某店铺顾客的数据。

或者反过来，我们可以得到这样的数据，比如买了某商品

的是一位 45~50 岁的离婚女性，有两个孩子，住在公寓里，年收入 300 万日元。

在这里显示出的思维方式是，他或她的属性组合决定了其购买、消费、生活行动或生活方式的重要因素。

限定了特定品种、商品群、商品种类且完全可以将全国视为市场的厂商，可以针对商品销售的可能性，将组合了几个属性的人们视为目标，这种方法事实上是有效的。

例如以 15~20 岁的女性为目标的化妆品厂商瞄准的当然不是特定区域，而应该是全国。例如在电视广告中起用偶像明星，即使在某区域内相符的目标客户只有 5%，但全国都可以收看电视。针对老人需求的厂商在健康类节目中播放广告也是同样的想法，这就是典型的市场营销。

但是聪明的读者们应该注意到在这里存在市场营销的性质变化。市场营销曾经是用来吸引中产阶级、大众的手段，但是将人们通过属性组合进行分类鉴别的这种市场营销手段本身，就默默明示了中产阶级、大众的消亡。

<流通业无法采用市场营销的手法>

这样的话，能够注意到，流通业曾经学习厂商的市场营销手法，并不是简单地因为厂商在学习经营方面是前辈，作为后

160

辈要向前辈学习。

厂商在经营上的学习日渐精进，在这方面已经滞后的流通业并不是在学习前辈的学习过程。流通业能够学到市场营销仅是一时的幸运或者偶然。

无论对流通业还是对厂商来说，幸运的是中产阶级、大众的存在。不，可以说只有中产阶级、大众存在。更准确点说，厂商的新商品的销售核算创造出了中产阶级、大众这类人。

因此，本质上以全国市场为销售对象的厂商和以特定商圈为销售对象的流通业，从市场营销的角度看来，本来性质完全不同的二者却能够同时采用市场营销的方法。

曾经的连锁店理论提倡，统一的连锁店铺迅速开设新店才是正确的战略。因为厂商的"自来水哲学"正在完善一种体系，即能够大量并快速地生产创造出大众需求的商品（如家用电器）。

这样的话就必须普及自来水管的水龙头，即大量生产"工业产品"的统一连锁店铺。大量生产当然就是快速生产。

连锁店理论提倡统一的连锁店铺的迅速开店战略正是切合时宜的判断。而且这件事同时自发地表明了两个意义：现在的流通业或者连锁店，第一，曾经的市场营销方法和现在变化的市场营销方法不能同时采用；第二，因此统一的连锁店铺这种工业制品化的店铺是不存在的。

无论多么没有可能性，7-ELEVEn 都不能采用统一的连锁店铺这种经营方式。只能采用店铺个性化经营的方法。这是改变了市场营销历史的大事件。

<单品畅销品的想法是厂商固有的>

质疑市场营销的第五点理由是要和业态、单品畅销品相协调。为什么要协调呢？

虽然议论业态的人很多，但到现在为止也没有人认为业态获得支持的理由和流通业能运用市场营销的理由是相同的。

业态这种品种综合备货方法（例如大商场）为什么比单品种限定的备货方法（例如厂商的店铺）能够获得更大的支持呢？因为采用业态的方法在购物的时候更加方便。

但是重视购物的便利也自发地意味着买的是同一样东西。例如想要买适合自己的时装的时候，首先重视的不是购物的便利，是否有自己喜欢的时装才是优先考虑的。

如果是在哪里买都可以的生活必需品，方便购买的店铺更好。这样的话，理论上来看，最大的长处是购物便利的业态能够受到支持，这是因为顾客是有想买同一商品需求的中产阶层大众。这就是市场营销能在限定商圈通用的原因。

同样，"单品畅销品"现在依然在流通业中无意识地潜在着，我们也谈谈这一想法出现的原因。

"单品畅销品"是指单品中销售量大的商品。这样的话，模范就是将全国视为市场的厂商的商品。

对像宿疾一样缠绕在流通业的"单品畅销品"的执着，换个角度来看，与厂商的市场营销的理念是完全一致的。因为碰巧是被商圈限制的流通业，无论是什么样的"畅销单品"，因为销售量受到限制，所以原本在全国大量销售的商品才是典范。

为什么对市场营销的思考方法抱有质疑呢？为什么它与流通业不能协调呢？以上就是理由。这样的话，流通业不得不重新找出可以代替市场营销的思维方式。

3 | 严格区分销售总利润和利润

<并不是"流通业"而应该是"商品销售核算业">

流通业的方法论没有运用市场营销，而是运用了商品销售核算。流通业，不，至少在考虑到连锁店现状和未来的时候，"流通业"这个叫法并不准确。倒不如称作"商品销售核算业"。

这是因为7-ELEVEn、大创、无印良品、八百幸超市、优衣库都是以本公司的、进行过商品销售核算的自有品牌为中心，进行产品组合的。但是在对本公司的商品销售核算进行说明之前要事先考虑：

其一是即使将市场营销作为最大方法论的厂商也在进行商品销售核算。如果不做商品销售核算就无法创造商品。正确地说，制造商是先做市场营销后定目标，再对目标可能会支持的商品进行商品销售核算。

那么我们会明白：流通革命是以制造商制造产品，流通业进行产品流通这样的产业分类为前提。流通革命并没有考虑商品销售核算。但是，当制造商在销售经过市场营销、商品销售核算的商品的时候，其备货品种和同行业几乎相同。

并不只是这样。即使在不同业态也会有部分商品种类重合，从而引发竞争。比如现在也有受便利店、药店影响的超市。

在同一性质的竞争中获胜的方法，只有低价销售。因为既然销售相同的东西，价格便宜是仅有的产生差别的手段。流通革命把价格便宜合理化是为了顾客。并不是这个方针和诚意没有了，而是低价销售变成了竞争的手段。"流通革命"一词不再使用，不是别的原因，恰恰是因为流通革命理论。

<价格决定权曾经是销售总利润决定权>

流通业如果成为商品销售核算业，同质化的可能性就会变小。因为如果是本公司进行了商品销售核算，虽然品种看起来一样，但每个品目是本公司独有的，这一点毋庸置疑。无印良品的手帕和商场的手帕、百货店的手帕是不同的。

在此基础上公司进行商品销售核算的话，就没有主张争夺价格决定权的必要。因为只要是自己公司进行商品销售核算并在公司连锁店销售的商品，原价和售价由公司决定，这是理所当然的。

那么就没有必要再宣扬"流通革命"。即使从完全相反的方面考虑，也可以说"流通革命"这个词不再使用了。

在这里有必要重新辨别一直被称为"价格决定权"的本质。流通革命宣扬价格决定权，事实上，准确地说，应该是"销售总利润决定权"。这么说是因为对商品"价格"进行的分析如下所示：

售价=流通商品利润+批发商总利润+生产成本

生产成本=制造业利润+制造加工成本（原料、加工、其他成本+制造加工利润）

在这里首先需要说明"总利润"和"利润"两个词的意义。在日语中用"利益（利润）"一个词就可以表达它们的意思，但事实上应该非常明确地区分开考虑。因为即使是同一个"利益"，"总利润"和"利润"在本质上是完全不同的。

制造商明确地意识到了二者的区别。因为制造商并不是仅进行市场营销，也对其进行商品销售核算。

不过流通业有可能没有意识到这一点。因为如果不做商品销售核算，对流通业来说"利润"就只有"流通销售总利润"。

<销售总利润和利润哪里不同呢?>

那么"销售总利润"（margin）是什么呢？margin这个词本来的意思是留白、消耗、边缘。留白是指，比如本页周边没有印刷的部分，主体周围、边缘的部分。在经营上，"销售总利润"应该解释为"手续费"。与之相对，"利润"是指有价值的东西主体所创造出来的"创造利益"。

"销售总利润"的代表是"流通利润"，无论多好的商品，如果只是制作是无法到达顾客手中的。经过各种各样的流通途径才能够到达顾客手中，而这就需要费些功夫。这些功夫的回报就是手续费，即"销售总利润"。但在前一页的公式中，除流通利润之外还有"制造加工利润"。

例如优衣库，衬衫的布料在日本制造，而裁缝加工交给中国的加工厂。当然就需要付裁缝加工费。优衣库会把裁缝加工费算进制造加工成本中，而接受了订单的中国裁缝加工业接受的就是裁缝加工费这一利润。

也就是说，以商品为中心，在制造完成的过程中包含了制造加工的利润，制造完成后就需要流通利润。如果不将制造加工的订单交给其他公司，制造加工利润也就隐藏其中。通过公司直营通道进行流通销售的话，流通利润也是隐藏的。

在这里重要的是，无论制造商品的是制造业还是连锁店，当然都会得到制造利润。因为这同时也是风险费。中国的裁缝加工厂，假设接单的优衣库衬衫完全卖不出去，加工厂也会拿到制造加工利润。流通业以前也有退货的情况，现在仍采用自有品牌这条退路。制造业没有这样的退路，但获得利益也是理所应当的。

这么看来应该能够理解流通革命所倡导的价格决定权，准确地说是售价决定权，而售价决定权在这种情况下又是流通利润决定权。

<为什么说自有品牌中有退路?>

在前一页指出了自有品牌的政策中有退路。这是为什么呢？自有品牌也是连锁店向制造加工业发出订单让其制作，既然发出了订单，无论卖得怎样都必须支付加工费。卖剩下的由连锁店承担风险，确实存在风险。

即使这样，还是有退路，因为大多数自有品牌都是国际品牌畅销货的低价仿制版。销售的商品是已经得到市场证明的商品的低价版，风险极其微小。

虽然可能会有异议，但在本书中不把因自有品牌获得的利益作为利润考虑。勉强说的话，它非常接近于"销售总利润"。

但并不是说利润在名义上比"销售总利润"更有价值。本书有意不站在"正义"的、正当理由的立场上。

在金额这点上，并不是"利润"这方就一定更多。销售量多的话，自有品牌在营业额和利润上超过店铺品牌的情况也是完全有可能的。

即使这样，之所以推荐风险较大的、通过商品销售核算获得的利润，第一点理由是可以确保客户源。客户源是指顾客确确实实成为客户的理由。无印良品的客户能够成为客户的原因并不在于店员的接待或电视广告、广告等的促销活动。而在于叫作无印良品的产品组合，也就是它的商品群。

这一点无论是在 7-ELEVEn 还是在东急手创都是一样的。但是自有品牌却无法这样。只要自有品牌是国际品牌的仿制品，同行业的其他公司也会推出相似的自有品牌。这就失去了客户源。

第二点理由是它带来的看不见的好处。那就是人才和组织的培养。这个问题我们到第 5 章再讨论。

<流通业的商品销售核算的目的在于产品组合>

流通业的商品销售核算的目的不在于像制造商一样创造出热销的单品，而在于产品组合的实现、发展以及提升。

流通业，特别是连锁店如此拘泥于产品组合和商品销售核算的原因中，第一点正如前面一直说明的那样，正是有了商品销售核算才能够获得真正意义上的利润。

不仅仅是商品销售核算，在不断开设连锁店的流通业，那份利润中包含着连锁经营获得的流通手续费的利润。

第二点就是上页指出的能够确保客户源。客户源的确保对流通业、连锁店来说不可或缺。如果能够确保客户源，即使不做无谓的竞争也可以，能够减少庞大的促销成本。

第三点自然是能够实现独特性。但我们必须注意对于流通业、连锁店来说的独特性，与制造业实现的独特性有些许不同。

很多人都没有注意到，国际品牌的独特性和店铺品牌的独特性本质不同。国际品牌正如字面意义，指的是全国各地哪里都能买到的品牌。

与之相对，店铺品牌指只能在那家店铺中购买到某件商品。国际品牌之所以成为廉价销售的对象正是因为在哪里都可以买到。在哪里都能买到意味着在哪里都有销售。这样的话，立刻就会产生竞争。因此才成了廉价销售的对象。

不过店铺品牌只能在那家店铺买到，没有直接的竞争。无印良品的手帕和7-ELEVEn的手帕是不同的，无法进行价格比较。在商品的品质、特性独立之前，店铺品牌就有了其独特性。这就创造出了客户源，也创造出了包含利润在内的销售总利润。

<因为不是面包店才能够想到"黄金面包">

第四点，制造商基于市场调查的商品销售核算和连锁店产品组合的商品销售核算的巨大差异在于，后者能够针对各式各样的商品群和商品种类，不断地创造变化。

举个简单易懂的例子就是 7-ELEVEn 的"黄金面包"。面包并不是什么珍稀的新产品。面包制造商从以前到现在一直在做面包。但为什么没有注意到"黄金面包"呢？

制造商有特定的品种、设备、技术的专业化、特殊化。可能有人会说三得利公司除了威士忌和啤酒之外不是也做健康食品和化妆品吗？那也是对迄今为止在威士忌和啤酒的制造上发挥作用的酿造、酵母的应用所衍生出的产品。

这在钻研有限技术的意义上是长处，而在局限于这份技术走不出去这点上是短处。但是在以产品组合为宗旨的流通业，本来就没有在特定商品和技术领域搞特殊。7-ELEVEn 并不是面包店。

讽刺的是，并不是面包的制造商或面包店，而是 7-ELEVEn 开发出了"黄金面包"，这是因为 7-ELEVEn 并不是做面包的专家。

7-ELEVEn 没有必要拘泥于制作面包的技术、设施。因此能够站在自由的角度上考虑，什么样的提案才能让大家成为 7-E-LEVEn 的顾客。于是，它注意到了面包，7-ELEVEn 从创业以来一直在销售面包，所以才注意到这一点。这就是自由视角的独到之处。

面包制造商和面包店无法做到这点，他们只想得到和面包有关的东西。所以反而无法想到"黄金面包"这个创意。

这不仅局限于7-ELEVEn。苹果公司能够制造出苹果手机也是因为苹果公司不是手机制造公司。

<产品组合和业态的区别是什么?>

制造商从一开始就能够将品种、技术限定化、特殊化，然后致力于商品销售核算。所以接下来可以采用市场营销的方法将该商品推广于世。与之相对，流通业是从产品组合开始，实现产品组合的重要方法就是致力于商品销售核算。

在第二章说明过，产品组合大致可以划分为三种。在这里再说明一个由业态衍生的产品组合。

典型的是美国的沃尔玛超市，沃尔玛原本的经营状态是折扣商店，但现在可以说已经完成了自己的产品组合。

沃尔玛变成超市以后就成了拥有自己产品组合的企业。美国以前的折扣连锁店现在还幸存的只有以时装型产品组合为主的了。美国从20多年前开始就已经不存在"折扣商店"了，而在日本还有人相信它的存在。

谨慎起见，在这里说明一下该怎样区分来自业态的产品组合和业态原本的商品备货。其中一个简单明了的区别就是，是否存在能够成为竞争对手的同业者。虽然产品组合是无法模仿的，但是没有什么比商品备货更容易被模仿的了。连锁店可以快速开设新店的原因就在这里。因为快速出店就是模仿本公司的店铺。

第二个区别在于，明确的价格竞争和促销竞争是否成为揽客的决定手段。第三个区别在于是否有客户。产品组合能够创造客户，而业态一旦被模仿，就无法创造客户了。细心的读者可能会说店铺品牌的有无不才是非常大的差异吗？不，事实上，这并不是差异。

<店铺品牌对称的东急手创、似鸟>

确实，大多数产品组合企业都有店铺品牌。但是不能说因为有店铺品牌才叫产品组合，没有店铺品牌就叫业态。

例如东急手创就几乎没有店铺品牌。但东急手创并不是"业态"，而是产品组合。他们的商品备货没有同行业者，也不会廉价销售，有着足够的客源。

为什么东急手创没有店铺品牌却有足够的产品组合呢？东急手创创业的时候，家庭用品商店才是典型的业态。东急手创注意到并不能与他们做同样的事情，所以无视同行进行了创业。这就是东急手创故意在当时致力于流行之外的、珍稀的、生活方式产品组合的原因。

也就是说东急手创从一开始就有自己的产品组合主题，并在国内外搜集与该主题一致的商品。各种各样的商品即使是其他公司的品牌，一旦被收集到东急手创这个拼图上，就变成了其不可或缺的一片。

没有必要故意去创造店铺品牌。倒不如在这个变化发展的产品组合的拼图内，一点点从国内外的广阔市场中收集商品，把拼图拼得更好。

这个方法论其实也可以应用于保健美容护理、药店等。食品超市也用这种方法把食品的品牌很好地进行组合应用。

与之对称的例子就是似鸟（NITORI）。似鸟与东急手创不同，所有的产品组合都使用店铺品牌。不是业态而是产品组合。但企业本身似乎并不是这样考虑的。因为他们在电视广告上倡导"物超所值"，即与商品质量相比，价格非常便宜。只有与同行业其他公司相比才能够在理论上说，与自己公司相同价格的没有质量更好的了，同样质量的没有比本公司更便宜的了。似鸟和其他企业相同，自己承认了与同行业价格的竞争。

＜业界饱和论者无意识地相信业态＞

从品种的角度看商品，经营相同商品的同行业其他公司是存在的。因此，"物超所值"等对其他公司的认知、同行业比较

174

论自然会被挂在嘴上。

使其加剧的就是"业界饱和论"。很多评论家认为便利店的快速发展将超市逼入窘境。这是因为他们认为便利店卖面包，超市和面包店也卖相同的面包。

但是，衣橱里只有一件短裙或女罩衫的女人应该是不存在的。因为她们买的不是"短裙""罩衫"的品种。如果是品种的话，各自有两件就足够了。

她们有无数的"短裙""罩衫"。因为她们有的并不是短裙这种品种，而是创造时尚的手段，也就是作为产品群的罩衫。

为什么举罩衫的例子呢？面包的话，无论是在哪里买到的，只要吃了就没了，所以不得不再去购买。而罩衫虽然无论穿多少回都不会消失，但还是会再去购买。

这下总该明白被便利店的面包打败这种想法是多么迂腐了吧。当然无论是面包还是罩衫，如果在某地买到了，再在其他地方购买的可能性会很小，无论怎样的变革，这种事情都会存在。

如果有智能手机，就不需要彩屏手机了。将其他公司的商品变为生活品就是革新。所以业态因产品组合而变得陈旧。就像曾经的业态取代了业种。

这些业界饱和论者的脑袋被极其朴素的陈旧的"业态"思想占满。这里稍微有点重复，业态是指为了购物便利而形成的品种综合化。产品组合是一种促进消费的备货方式，它不仅方便购物，更创造了一种生活方式。想一下在无印良品买东西时，有哪里让你觉得很方便，你就会明白。

<业态饱和这种事是永远不可能的>

因为还相信业态论，所以不仅是便利店，即使只看超市本身，店铺数量也已经超过了容许的范围。就局部地区来说，已经出现了同行业竞争的现象。这种情况遍及全国也只是时间问题吧？这样的危机意识将会披着伪装不断传播出去。

换一个话题吧。现在 7-ELEVEn 的店铺数量奔向 2 万家，并在持续扩大。那么 7-ELEVEn 的店铺数量将扩大到多少呢？本书的预测是 5 万家店。因为日本目前约有 5 万家便利店。

至少日本能够经营起 5 万家便利店。这样的话，7-ELEVEn 还可以开设 3 万家店。事先声明一下，当然这并不是向 7-ELEVEn 询问得来的，不过是本书随意预想的。

不用说，开设新店并不是互相谦让的，也不是地盘争夺，根本不存在固定的区域，最后的答案总是由顾客决定的。所以 7-ELEVEn 可以再开 3 万家分店。对各个超市连锁店来说，即使在日本遍布同行业其他店铺，开设新店的可能性也是无限的。

7-ELEVEn 若再开 5 万家店的话，也确实会"饱和"。在这种情况下,"饱和"这个词至少用在日本这个市场是非常符合的。"饱和"这个词并不是针对某个业界,只适用于各个企业。

在这个意义上,沃尔玛超市也是,如果没有默认的开店限制,在数年内,至少在美国这个市场会"饱和"吧。

也就是说,人们喜欢用"饱和"这个词的真正理由是,限制就是为自己公司的不好成绩找借口。想说错的不是自己的公司,而是业界的饱和。然而他们在找借口的同时就已经失去了经营者的资格。

4 商品从诞生的时候就变成了日常必需品（commodity）

<流通业不关注商品的日常化>

对流通业来说，商品供应计划必不可少的第一点理由在于商品这种东西是会不断日常化的。将"commodity"翻译为消耗、大众、必需品其实是错误的，比较准确的说法是失去了新鲜度的商品。

其中的典型就是时装。时装从诞生的瞬间开始就已经不再是时装，开始向着日常化转变。普及度越高的时装，日常化速度越快。

这个原理适用于除时装以外的所有商品。因为商品被卖出的目的当然是销售、普及、习惯、提高认知度，而这同时也让商品失去了新鲜感。

制造商深深理解这个道理。市场营销如此盛行的原因也源于此。这是因为制造商的商品种类是有限的，他们很早就注意到了商品的日常化。

但是在流通业，构成产品组合的商品种类非常多。就连最小型的 7-ELEVEn 的店铺都有 3000 种商品。很多时候无法注意到商品的日常化。

所以正因为是流通业，才不得不时刻注意产品组合是否日常化。这样说是因为事实上，这个日常化正是制订商品供应计划的机会。

为什么 7-ELEVEn 的"黄金面包"、饭团、关东煮、荞麦面都很"新鲜"呢？因为这些是大家都知道的、常用的商品。

大家都知道面包，因此"黄金面包"的冲击才会那么大。

<如何使旧品种的商品不断更新呢?>

第二点，"黄金面包"出现的瞬间，大多数面包都自动日常化了。

正是日常化的商品，在经过商品供应计划后，被给予了新的冲击，新鲜种类的出现立刻使其他品种日常化。不得不说这是非常讽刺的。

自己的公司如果不通过商品销售核算将周边商品不断日常化，就会被其他公司日常化。而大多数连锁店经营的商品则更多地背负了这种使命。

在这里有一个与制造商的新产品完全不同的原理在发挥着作用。制造商时常留意那些让人惊叹的新产品的发布。直到 iPhone 出现，都没有类似的全新商品，这其实也是新品种的开拓。

但在大多数情况下，用品种来说的话，流通业经营的却是大家都非常熟悉的属于旧品种的商品。面包本身不是新产品，不如说是老产品。

第三点，流通业在做商品销售核算的时候应该着眼于旧产品，而不是新产品。更精准地说，事实上产品组合经营的并不是通过无可替代的用途区分商品的"部门、品种"（例如，刨子和锯是无法被替代的）。无印良品的三角裤和优衣库的三角裤，超市的面包和"黄金面包"，从实用用途来看都是相同的品种，但是顾客挑选的理由并不在此。实现实用用途是必要条件，但不是充分条件。无印良品正是因为它是无印良品，顾客才会购买。

因此，在这里，我们不把适合于产品组合这个拼图的诸多种类的碎片的集合（三角裤并不是一个品目）称为"品种"，而称为"品群"。品群指的是不仅有实用用途，还符合产品组合的主题，是品目的集合。

<无法彻底消除的流通业的"品种"思想>

商品销售核算是从否定部门和品种开始的（顺便说明一下，多数的品种的集合称为部门。例如：鲜鱼如果是部门，刺身是品种，金枪鱼的刺身 A 是品目）。

但是对部门、品种的否定同时也是对业种、业态的否定。因为限定了所经营的部门、品种的是业种，而反过来将其综合起来的是业态。

业种，例如酒铺不仅仅销售日本酒，也卖威士忌、啤酒、烧酒。而日本酒、威士忌、啤酒、烧酒，各种各样的品目的集中才能称为"酒铺"（业种）。业种也不亚于业态，有很多品种。

相反，即使看起来像是一样的品种综合店，也应该进行区分，曾经的百货店是品种的综合店，大商场是业态更进一步的综合店铺，包含百货店的购物中心是产品组合的综合化设施。

药店会被同行业的药店吞噬，超市会被便利店吞噬，大商场会被专卖店吞噬，这些之所以被允许是因为其他公司和本公司的"部门、品种"是共通的，才被认为会被吞噬、争夺。

在曾经的连锁店理论中，把夺取其他业态中有希望的部门、品种认为是重要的方法论，这其实是连锁店的快速发展而形成了统一的连锁店商品备货方式——"业态"，当然也是其理论的结晶。

如果超出业种、业态，与其他公司互相争夺同一部门、品种，只能在方便性和价格上拉开差距进行竞争。最终也只会剩下价格因素。流通革命的模仿者们不得不以革命为名，对自有品牌以外的商品进行价格竞争以寻找出路，这也是连锁理论的归结之处。商品销售核算是从否定部门、品种开始的，相反，如果肯定部门和品种，只需将制造商的商品原样收集、销售。

<团队合作支撑着商品的销售核算>

第四点，商品销售核算把主要精力献给了实现产品组合的店铺品牌的创造上。在这里需要注意的是，店铺品牌并非必须是放入店铺名称的商品。

不如说即使看不到名称也能够知道是哪家店的品牌，这才是店铺品牌存在的理由。GAP 曾经在电视上播放了一段电视广告，首先出现了着各种各样时装风格的男女，然后在最后出现了"GAP"的缩略语商标。这是一个只需要看到时装，即使不看缩略语商标也能知道是 GAP 的电视广告。

就像之前举的例子一样，东急手创并没有自身的店铺品牌。但是看到他们的卖场，会让人产生这里摆放的商品，如果不在东急手创买就买不到（事实上这是不可能的）的错觉。

第五点，我们会理解，大多数产品组合的成立建立在多个品群之上，如果得不到其他公司的协助，就无法获得店铺品牌。

而且产品组合通过不断地改变品群、品目而建立。7-ELEV-En、无印良品、大创等任何连锁店都是自由变换的。

就连在部门和品种受限的制造商（作为业种的日式点心店、

西式甜品店也是制造商），如果与其他公司没有分工就无法创造商品。汽车是由多数的零部件创造出来的，并非全部都是丰田制造的。

更不用说流通业、连锁店的情况，它们不收集零部件，而是多种类收集包含大量"零部件"的商品。即使店铺品牌，全部都由本公司筹措也是不可能的。

因此，商品销售核算的最大课题之一，就是团队合作，即向其他企业订货。

5 | 了解店铺品牌和自有品牌的区别

<自有品牌的本质是什么>

思考团队合作，有必要先区分制造商的国际品牌、产品组合的国际品牌以及身为国际品牌的廉价仿制品的自有品牌。因为无论是店铺品牌还是自有品牌，广义上都是团队合作的商品。

首先说明一下自有品牌的特征。第一，虽然自有品牌都被视为连锁店的专有产品，但将家庭用品商店作为销售途径的制造商，其实很明显也在销售已经存在的国际品牌的山寨版廉价产品。

当然山寨版廉价产品并不局限于连锁店，这同样也是手机、电脑及其他电器惯用的方法。当然，廉价品和自有品牌一样并不违法。稍微有点强词夺理的解释，即使背叛了友情、违背了约定也都不算违法。当然没有人会自己站出来这么说。商品是以事先公布为目的的。

本书使用"自有品牌"（PB）这个词的目的是：在美国自有品牌的说法是"private label"。label 是商标的意思，所以日本把这个词改为 private brand，这里截取单词的首字母，简称"PB"，这就是本书中自有品牌（PB）的由来。

private label 这个词说起来有点别扭，但 private brand 这个词就没有这种感觉，而且不违法，所以这个词可以名正言顺地使用。本书先不考虑事物的正邪，只讨论事物的得失，之后再讨论正邪。

那么如果从得失讨论，可能大家会说自有品牌难道不是很赚钱吗？事实并非如此。自有品牌也有很大的亏损。那就是自有品牌无法培养人才、组织，这对企业来说是最大的损失。

<自有品牌的信用也是由国际品牌来担保的>

自有品牌的本质告诉我们一个有趣的事实。即现在日本和美国一贯实行的自有品牌的陈列方法，是将自有品牌和相同的国际品牌并排摆放。

为什么要将自有品牌和国际品牌并列摆放呢？20 年前，我到美国沃尔格林药店去视察，看到自有品牌和国际品牌并排陈列时，向当时在场的众位考察员询问他们当时的看法。

大多数考察员都回答说"自有品牌真便宜，这样国际品牌就危险了"。但这是因为几乎所有考察员当时都以"视察者"的视角来看问题。

从顾客的角度看的话，顾客最先本能地、直观地感受到的

表⑤　国际品牌、自有品牌、店铺品牌的比较

	国际品牌	自有品牌 （Private Label）	店铺品牌
简称	NB	PL（在日本一般称为PB）	SB
特征	在哪里都有卖的，容易成为低价销售的对象	只有流通业的店铺或网上有卖	只有流通业的店铺或网上有卖
对象	消费者	消费者	自己公司的客户
成立过程	由制造商自己通过市场营销完成商品销售核算	廉价仿制国际品牌的情况下，"全部交给"接受订单的企业	实现基于自己公司的产品组合的独有的商品特性。订货
利益	利润	商品总利润	利润
与组织的关系	需要有组织	不需要组织。商品部事实上是负责人	需要包含店铺和商品部的组织

沃尔格林是将自有品牌和国际品牌并排摆放销售方法的创始者

并不是自有品牌的便宜，而是自有品牌好像和国际品牌是一样、或者非常相似的这一点。在确定了这点后，便能接受更加便宜的自有品牌了。

因为要让对方觉得便宜，所以两者必须基本相同。不同的东西是无法对比的，也没法说便宜还是贵。就像似鸟主张的"物超所值"那样。

这表明自有品牌的信用是由国际品牌的担保才产生的。自有品牌并不仅在复制商品，也复制了信用。

而且像这样将自有品牌和国际品牌并排陈列，并不仅是美国沃尔格林公司的做法，日本的大多数店铺都采用了这种方法。

因此更需要注意的是这样一个疑问，几乎相同的东西摆放在一起，而且其中一方明显非常便宜，为什么还要摆放国际品牌呢？如果只是为了获得信任，做表面文章就可以了。这是因为面对相同的商品，即使再便宜，有的顾客还是会选择国际品牌。

<每家店销售量低的"奠仪袋"，才是真正的增益商品>

例如 7-ELEVEn 的商品销售核算，即使每家店的销售量很小，仍然将其作为店铺品牌。受到好评的"黄金面包"在每家店的销售量就是有限的。

刚开始，那并不是人们所熟知的大量销售的"面包"。最初购买"黄金面包"这种罕见的、新商品的顾客可以说是非常有勇气的。这和饭团、关东煮刚出现的时候应该完全一样。

所以 7-ELEVEn 在创业之初也专门用国际品牌来进行产品组合。随着店铺的增加，店铺品牌也渐渐增多。假设一家店只能卖 10 个，一万家店就会卖 10 万个。

典型的事例就是"奠仪袋"（装参加葬礼的份子钱用的袋子）。奠仪袋不是批量销售的商品，但奠仪袋是便利店必须经营的商品。

假设奠仪袋 1 天 1 家店销售 1 个，在大约有两万家 7-ELEVEn 的情况下，1 年就是 360 个×2 万家店，也就是大约能卖 700 万个。这才是真正获得批量进货的商品。批量进货的商品并不是指每家店能够大量销售的商品，而是销售量少的商品。

制造商进行市场营销的商品也是大量的商品，但并不是对连锁店有利，而是对制造商有利。流通业的连锁店只是销售总利润高。

本书在第 1 章故意区分了"流通业"和"商品销售核算业"，这正是制造商的市场营销和连锁店的商品销售核算的区别。

看了下页图表的话，就能明白为什么将永旺和 7-ELEVEn

图表⑥　商品销售核算的本质上的区别

	个性化经营的连锁店的商品销售核算	统一的连锁商店的模拟商品销售核算
商品特征	每家店销量少的商品也能够成为对象。长尾战略。 例如：奠仪袋（销售量通过多家店实现）	将每家店大量销售的商品＝畅销单品作为对象。 例：不断日常化的商品（销售量也可以通过多店铺实现）
商品备货	多品群、多品目的产品组合	多品群少品目的业态备货
需求	日常型 品群、品目创新＝需求创造	商品型 已经存在的商品＝已有的需求创造
商品本质	非量产商品品目、量产不同品群、品目对象＝商业化店铺品牌（真正的"优势产品"）	量产商品品目对象＝工业化国际品牌、自有品牌
方法	需要团队合作（＝不可能全部交出） 可能失败 例：7-ELEVEn	能够在特定的加工厂量产（＝可以全部交出） 失败的可能性小 例：自有品牌
组织本质	商品销售核算业 需要创造新商品的商品销售核算 需要单体的商品管理＝方法创造、选择	市场营销流通业 已经经过市场营销的商品（方法固定）的流通 统一的商店是销售手段＝方法选择
事例	7-ELEVEn	永旺

189

理解为本质上完全不同的连锁店。本书接下来针对自有品牌，阐述一些与大众所理解的稍微不同的内容。

<为什么自有品牌倡导高大上呢?>

以前就有人对自有品牌怀有疑问。多数连锁店在自有品牌销售的时候，都会不断阐述销售的理由。说是为了生活稳定、应对高物价、应对消费税上涨等。问题是为什么需要那么高大上的说法呢?

这是因为，在推出店铺品牌的时候，并不进行记者见面会等发布声明。为什么不发布声明呢? 因为觉得没必要发布。自有品牌一次就能够推出 500 个品目，而店铺品牌可能一次发布 100 个品目。即使发布声明，也只会是进行一些在某某商品群中追加、强化等的技术性的说明而已。

自有品牌的情况不同。不是技术性的说明而是会发布高大上的说法，也是无意识的"辩解"。为什么需要辩解呢? 其实就是因为便宜，便宜并不是什么坏事吧。

不该忘记，能够给出最重要、最神圣答案的其实是顾客。因为顾客并不是为了国家国民、地域文化、消除阶级等空泛的理由决定购买的。能够让顾客信任、决定购买的最大理由是，顾客只考虑自己和自己家族的利益，在完全的利己主义下做决

定。这个决定可以说是冷酷无情的。正因如此才值得信赖。将
这个决定与几年一次的、屡屡忘记利己主义的选举投票对比一
下，就应该很清楚了吧。

会被利己主义这个词伤到的"温柔的"人不过是忽略了一
件事，即资本主义是因为认可了企业的利己主义才成立。"流通
革命"的时候，流通业是非常弱小的，为了让自己振作起来也
是需要高大上的说法的。不过现在是推出自有品牌的一方更加
强大。即使这样还是需要高大上的说法。

<Private label 为什么成了自有品牌呢?>

到目前为止，本书故意没有附加任何注释，一直混乱地使
用"自有品牌"这个词。流通业以及相关行业的人们用这个词，
没有任何不协调感，虽然能够说通，但是仔细思考一下就能发
现这其实是一个非常奇怪的词。

当然无论是怎样的业界，都有这个业界独特的、只能在这
个业界说得通的词语。但是无论这个"自有品牌"有多接近，
也是只能在同伴之间理解的符号或暗号，就好比是涉谷女孩化
妆的术语，只有涉谷女孩才明白。

首先必须说明的是，和在流通业中多数的片假名用语一样，
"自有品牌"这个词对英语母语者来说完全无法理解。

自有品牌这个词来自 private brand 的英文首字母 PB。其实 private brand 这个词本来就很奇怪。

在美国，与日本的这个 private brand 相符的，通常被称作 private label。label 是指标签、商标。商标这个词包含可以自由贴换的意思。

因为原本 private label 这个词暗示只将国际品牌的商标粘贴替换。事实上，美国（现在日本也是）很多在超市与国际品牌并列摆放的 private label（自有品牌）、国际品牌都是由统一制造商制作的。

像 1 美元超市等，甚至有制造商名称和商店名称在同一商品中并排记录的情况。制造商这样做的理由是：即使我们不做，竞争对手也会这样做；我们这样做的话，这方面的生产量会增加，生产效率会增加，制造成本会下降；因为有顾客想买国际品牌的东西，所以利润率也会增加。

<为什么会使用 "Private" 这个词呢?>

在这里必须注意的是使用了 private 这个词。private 是指，像我们所知的"隐私"这个词一样，是有私人的、个人的，所以不愿让人们看到，而隐藏起来的意思。

也就是说这个词从一开始就包含着与国际品牌相对，只有

192

这个连锁店销售的私人商品的意义。事实上，多数自有品牌因为是国际品牌的廉价仿制品，不能够堂堂正正地自我宣传，这需要高大上的理由。

奇怪的是，在日本不知道什么时候，private "label" 变成了private "brand"。不用说也知道，这是来自于美国的创意。那么为什么传入日本时，label 变成了 brand 呢？

brand 应该是指路易威登、虎屋、资生堂、李维斯、松下电器、索尼、苹果这样的，企业固有的独自的、象征着充满了信任的商标。

也就是说，前面举出的"private"这个词的意思和"brand"的意思，无论向谁询问，都会说是勉强凑在一起。问题是谁都没有注意到这种不和谐。不，是装作没有注意到吗？

说 label 是因为用这个词要足够谨慎。但是说 brand 的话，与其说是不谨慎，不如说就是单纯的无知与迟钝。本书避开 private brand 这个词，故意称作"PB"。

本来美国的 private label 发祥于欧洲的无品牌药品。日本的药店也在用这个。已经得到许可的药品可以便宜销售，这种许可也包含了对商标的敬意。

词语要准确，思维也要准确，而思维又只能通过准确的词语表达出来（所以这一节才会对自有品牌的词源进行探讨）。

<不是店铺品牌就无法培养出组织机构>

流通业、连锁店的商品销售核算绝对不是自有品牌的"委托"加工订购，而是"开发"的产品组合的店铺品牌的创造。

第一，店铺品牌在作为产品组合实现的时候，就能够避免像国际品牌那样哪里都能买到，而不得不被卷入价格竞争。

确实自有品牌只能在特定的连锁店铺（或者网络上）中买到。但是，自有品牌是只要能够确认订单量，马上就可以订购的。而且只要是自有品牌，无论是哪家店的那个商品在本质上都是相似的，和在哪里都能买到的东西是一样的。

第二，说店铺品牌的东西哪里都买不到，不过是站在被动的立场上说的，反过来看只要在该公司的商圈中有卖就可以。没有在全国超市进行市场营销的必要。对关东的连锁店来说没必要考虑九州的问题，可以只考虑商圈进行开发。

第三，自有品牌是全部交给委托加工业者（一次性可以开发1000品目的自有品牌就是因为这个），而店铺品牌一件一件地确定商品的做法和特性，确定了其必备的特性后，再寻找适合实现该商品特性的订货方，必须进行这样的"开发"。

一次性发布1000种的自有品牌，无论商品部的商品有多么充实，从一开始就是不可能的。因此第四，店铺品牌和自有品牌不同，需要培养商品销售核算组织，而且如果不培养这样的

组织就无法进行开发等工作。在第 5 章中会作为问题阐述，如
果是个性化经营，也要培养店长以下的骨干店员。因为连锁店
几乎所有店员都要参与到开发中。

自有品牌只与一部分人相关。订什么、多少钱、数量多少
是根据店铺数量、销售金额规模、销售数量、销售对象的交易
金额决定的。决定这些的是由少数人组成的高层。在这里商品
部所做的不过是与订货对象的事务性交涉。

<服务外包并不是"协同作业">

那么流通业、连锁店为了在众多部门、商品群中实现产品
组合而进行的店铺品牌的开发，不仅称不上制造商，只能说是
服务外包。

第一，服务外包并不像自有品牌那样直接、全部委托就可
以。自有品牌可以全部委托的原因是，选择知道能够卖出的国
际品牌的特定品目，根据情况改变商品的一部分特性，寻找订
货对象，对订货数量和进货价格进行交涉、决定就可以了。

换个说法，"全部委托"暗示了一个事实，即其实没有特意
去创造自有品牌的必要。

这是因为，原本国际品牌最终从流通业来看是被"全部委
托"了。可以对其进行便宜销售的话，就不必特意创造自有

品牌。

但如果不是全部委托，针对一个个的商品，特别定制商品的特性，为了实现该商品特性，应该怎样构筑分工系统才能在实现特性、进货价格、时期、方法方面做到最好，针对这些方面必须做出选择。

本书接下来，无论怎样都想避开带有"全部委托"色彩的"外包"这个词，换言为团队合作。

那么应该怎样分工呢？在这里需要注意的是分工的本质，要拘泥于另一个词。那就是外包的时候屡屡挂在嘴边的"协同作业"这个词。本书彻底否定"协同作业"这个不确切的词汇。

之所以这么说，是因为"协同作业"仿佛是来自演艺圈的词汇，包含"友好相处"的情绪。但是店铺品牌的团队合作并不是"友好相处"的。倒不如说是一种"战争"、一种"斗争"。

<争夺守备范围的三垒和游击手的关系>

日语中有个词汇"丸投げ"，指的是向对方投好接的球。但是团队合作的本质在于投对方接不到的、复杂的球。因为投了接不到的球，对方才能掌握自身独一无二的接球技术。

用棒球举例说，就是游击手和三垒不断争夺守备范围的棒球队，才是守备坚固的球队。三垒和游击手绝对不是在"协同作业"。

团队合作也可以说是师生之间的关系。给学生出难题的老师才是真正的好老师，出简单的题是无法培养出好学生的，也无法培养出好老师。老师出了难题，学生才会煞费苦心、才能成长，同时老师也会成长。老师和学生绝对不是在"协同作业"。

所以，把容易发售的自有品牌商品交给容易订货的对手，倒不如说是"协同作业"。但这并不意味着，发出店铺品牌订单的一方在上，接受该订单的一方在下。这是从自有品牌的订单订货、发货中看到的关系。

在团队合作中，订货方和接受订货方是对等的。乍一看，订货方提出难题，位置高高在上，但其实接受订单的一方也在选择订货方。只有三垒和游击手都是高手的情况下，才能够实现守备范围的争夺。能够让老师提出难题的学生，是坚定不放弃的学生。

第三，团队合作的要诀在于互相选择合适的对手。要做到这一点，首先需要订货方针对产品组合、店铺品牌给出明确的概念。如果不明白想要开发的是什么，就无法对接受订单的一方做出选择。

有时候也会收到接受订单一方的启发，订货方的概念在细节上有所改变。比如因为技术进步，有新鲜度的商品也能做到当日配送，能够配送至今为止无法配送的商品。这将对"新鲜程度"的理想状态产生积极的影响。

<团队合作支撑的"精益求精">

但是在互相选择合适对手的时候，应该以发出订单的连锁店为主体做决定。餐厅的厨师长并不仅是做菜最好，也是制作菜单的最高负责人。首先决定菜单，然后决定原材料、烹饪方法以及由谁来做。

这与先决定产品组合（例如：意大利菜），决定范围、商品群（意大利面食），再决定种类（搭配了鲈鱼的天使意面）的商品销售核算是相似的。厨师长在制作菜单的时候，用一句话来说就是在进行商品销售核算。

精益求精是指，一方面不断设想一些菜单计划，另一方面寻找原材料和烹饪方法的行为。最初应该是想要鲈鱼但又没有找到新鲜的鲈鱼，不过找到了非常新鲜的虾的话，菜单就会发生变化。这就是精益求精。

当然也有无法改变菜单的时候。圣诞节的时候必须有火鸡。即使找到新鲜的鸭子，也无法使用。在这种情况下，需要的是对原材料和加工方法的精益求精。

在这里有个很重要的问题。就是原本来自业态的连锁店，商品部是按照商品品种建立起来的。但是，对品种熟悉和对范围、产品群熟悉是完全不同的。即使熟知绿叶蔬菜也不一定熟知沙拉，熟知火锅料理。

在这里会有一个难题，即怎样使迄今为止的组织的存在方式，和产品组合、商品销售核算相对应，这个问题放到第 5 章讨论。

团队合作还有另一个问题。7-ELEVEn 是由特许经销店、特许经营者、赞助制造商、物流管理负责企业等多数组织组成才能够运转的。

不过至今为止的组织论理所当然地默认一个公司的组织即为组织。这个问题也放到第 5 章讨论。

<形式多样的团队合作>

第四，也有必要考虑到即使是同一个团队合作也如 201 页图表所示的那样，有几点等级上的差别。

例如东急手创，并不是有什么新的团队合作。而是将制造商已经生产出来的商品，基于自己公司的产品组合主题，进行匹配。

大创基本上都是从进购的商品中进行选择。像大创这样的情况，售价早已经决定好了。这样看来，从制造商的角度来说，只需要提出在大创能够认同的进货价格范围内，大创最有可能经营的产品群、品种的提案就可以了。大创的商品部，只要从这些提案中选择就可以了。

优衣库是将制造商创造出的新底料的功能（例如保暖内衣）以衬衫或紧身衣裤等这些品群区分设计后，直接将订单发给香港的加工业者。这不如说是制造商的创意。

在优衣库屡屡出现 M 号衣物缺货的情况，陈列方式像仓库一样，商品如山一样堆积在一起，这些都是因为店铺是制造商的直销店（出口）。

但是超市或 7-ELEVEn 不能这样。必须根据情况把商品特性的细节都定好。在这个基础上，选择好原材料的订货对象，以及每一部分的加工厂，进行订货。

在此基础上，将什么作为怎样的店铺品牌，并不是预先决定好的。比如此前一直进货的面包，突然变成了新的店铺品牌。

当然，"黄金面包"与至今为止 7-ELEVEn 的面包是完全不同的团队合作。而且，进一步不断地探讨，逐渐变成不同的商品特性。所以即使名称都是"黄金面包"，原材料和接受订单的加工厂也会产生变化。

至于无印良品，全部商品都是店铺品牌，而且范围、产品

图表⑦　团队合作的等级比较

企业等实例	商品	团队合作的实际和必要性
业态	NB	从批发商买进→不需要
药店		根据产品组合的商品汇集＋SB＋PB→分为不需要和需要
东急手创		根据产品组合的主题汇集商品→必须
大创	SB	引进提案的选择和变更＋独自创作的SB→必需
优衣库	SB	使用了制造商的特殊技术的商品创作、独自向加工厂订货→不需要
八百幸超市	SB	独自的商品创作、自己公司加工、独自向加工厂订货产生的SB＋NB＋PB→必须
7-ELEVEn	SB	独自的商品创作、独自向加工厂订货产生的SB→必须
无印良品	SB	独自的商品创作、独自向加工厂订货产生的SB→必须

群、品种等商品特性都是永久不变的。那么，所有商品的团队合作就不得不不断地探讨更新。

<自由的"可以放弃"的重要性>

第五，对流通业、连锁店来说，在团队合作中，除了可以用多样的商品进行产品组合外，还有其他好处，那就是容易变动，这一点与设备、技术都专业化、特殊化的制造商不同。

卖过饭团就觉得可以卖避孕套，卖过饮料就觉得可以卖奠仪袋。重要的是可以"放弃"。

在设备和技术都专业化、特殊化的制造商中，当然也有像富士胶片公司那样，不做电影，改做化妆品和磁带的实例，但是与流通业相比，他们转换起来要难得多。

可以重新开始或结束，这是把产品组合看作生命力的流通业存在的理由。继续前进、变化、不断进化，这是产品组合要维持存续客户的必不可少的条件。接下来将围绕从第 1 章就提及的——新流通业和连锁店的组织展开思考。

第 5 章

创造出"店铺个性化经营"
组织的流通业者成功
墨守"连锁组织论"的流通业者失败

1 | *组织的本质在哪里？*

<电车、汽车、飞机，哪一个是必须有"组织"的?>

关于组织的思考，其中一个绝佳的思路，就是电车、汽车以及飞机。其中哪一个是必须有组织的，不言而喻吧。汽车，只要有道路和站台，在哪里都可以运行。飞机只要有机场就可以起飞。但是，电车如果没有组织，就没有办法运转。

这么说虽然不太好，不过，在一些发展中国家，首先采用的是汽车，其次才是飞机。日本的新干线出口的时候，出口的不仅是电车的车体和线路。否则，新干线是无法运行的。要么将其组织也出口，要么在当地新建一套组织，不这样的话，新干线就无法运转。

听说，新干线到站后，相当迅速的车内清扫一度成为话题，但实际上这个不是组织。所谓组织，是指编制车站与车站的人员组成，编写列车运行时刻表，运行管理，电车、线路、通电线的保全管理系统，以及对上述内容的不间断监视，临时变更的应对，使复杂的组织可以顺利运行，并且可以维持持续的机制。没有这个机制，电车就无法运行。

例如，在新干线的线路上，对全线进行有计划的区分，在电车不通行的深夜，进行保全、管理、更换、修补工作。毫无疑问，只有电车才是没有组织，就无法 24 小时运转的交通工具。

英国不仅仅是因为发明了蒸汽机车，而是在此之上又创造了系统，也就是组织，才被认为很了不起。

骑士团和军队最根本的区别，也在于此。所谓骑士团，就是在武术上很出色的个人的集合，而这并不是组织，骑士，说白了就是雇佣兵。

但是，以拿破仑为代表的普鲁士将国民皆兵的军队正规化，擅长用新兵，这就可以称为真正意义上的"组织"了。

<"流通业"这样一个模糊的词语，为什么会普及呢?>

关于组织的思考，其二是"流通业"这个词语。本书中下意识地一直在使用"流通业或连锁店"这个词语。其中，为什么不用商业、零售业等词语呢? 肯定有人对此抱有疑问吧。

流通业这个词本身，跟商业、零售业之间并没有做区别，不知什么时候开始慢慢地使用了。媒体和业界也没有准确的定义就直接使用了。

其中一个原因大概是"流通革命"这个词。另一个原因大概是因为商业、零售业的话，的确会被认为是那种小规模的、仅用来维持生计的店。所以，我们把规模变大了之后的零售业和企业，称为流通业，也只能想到这样的理由了。大家都是随意地使用至今。

但是，假如把规模作为区别名称的基准的话，到底年营业额达到多少可以称为"流通业"呢？谁也不知道这个定义。企业如果是股份公司，年营业额 100 万日元，股份公司是可以达到的。或者说上市了的公司是流通业的话，那么没有上市的就不能称作流通业了吗？

因此，本书给流通业这个模糊的词语重新下了定义，一开始就把有组织的零售业和商业称为流通业。所以有了"流通业或连锁店"的说法。连锁店跟电车一样，没有组织的话就无法运转。

比如百货店或者网络商业，虽然没有连锁店，但是有组织。因此，不能仅用连锁店来表述，而用"流通业或连锁店"的表述。

确实，江户时代起就存在现在已经是老字号的店铺，有主人、掌柜、二掌柜、伙计、学徒这样类似组织的构架。但这不是组织，而是身份制度。所以，江户时代的老字号中的"家训"

和石门心学之类的，不是组织论，只能称作精神、规矩、教训、规定一类的东西。站在组织论的立场去考虑的话，并没有可以参考的内容，不过是精神论而已。

<假如堀江贵文当初成功收购富士电视台的话……>

关于组织的思考其三，是因活力门（Livedoor，日本知名门户网站）出名的堀江贵文收购富士电视台的风波。先不管事情的原委，堀江确实计划了收购富士电视台。虽然这个计划最后以失败告终，但假设它成功了，那会如何？

假设富士电视台的大多数员工，都不能接受在宣扬金钱万能的堀江手下工作，而只能辞职。这样，主要工作人员都辞去了富士电视台的工作。

那么，堀江手里有的，是富士电视台的股份、设备和机器。也许还留有几个大的电视工作室。但是，堀江计划收购富士电视台的时候想要得到的，肯定不是大型工作室和拍电视用的各种机器吧。

堀江想要买的，应该是富士电视台这个放映电视的公司。失去了组织，即使把股份全都拿到手，材料机器全部都拿到手，也无法进行最关键的电视放映活动。

如果认为可以重新用高薪招聘新人，那这种想法就太天真了。如果凭这样就可以在一夜间将组织架构好，那谁都不用辛苦了。这一点，看看某个职业棒球队领队的苦恼就明白了，无论你多么认可职业棒球队的水平也要看选手的资质，如果棒球队的四号选手和王牌都是从其他地方挖来的人才，然后组成的队伍，领队也会苦恼至极。

大荣（Daiei）的中内功就曾经出资援助卷入政治事件、陷入困境的 recruit 公司。听说在 recruit 公司的职员中，有人说这是借助了超市的力量。

那个时候，先不论是超市还是金钱借贷，他对超市可能非常熟悉，但是对 recruit 公司的业务，完全是外行。所以无权发言。有人主张让他以赞助商的方式来帮助。但是，如果组织无法运转，仅仅有钱无法成就一个企业。

<奥特莱斯购物中心也需要组织>

关于组织的思考其四，是第 2 章中指出的奥特莱斯购物中心。

在本书 68 页中指出，奥特莱斯购物中心，跟电车、富士电视台以及 recruit 公司不同，看起来像是一种不需要组织就能运转的商业。

不过即使是奥特莱斯购物中心，没有组织也无法运转。因为有开发一类的工作，还有购物中心的保全管理工作等，这些和电车一样。

还有租户的管理。购物中心，不是像公寓那样，简单地聚集一帮会支付租金的入住者，让所有房间都住满就可以。想要客人成为常客，必须对租客的阵容非常用心。

这个跟编制棒球的队伍是一样的。棒球加上领队、教练有40人就差不多了，而购物中心的租户，岂止40人。必须重新调整好租户的成员，以最佳的姿态运行下去。

即使是乍一看似乎没有组织也能运营的奥特莱斯购物中心，事实上也是没有组织就无法运营的。

关于组织的思考其五，是超市。在超市里，特别是生鲜食品的鲜度管理技术，曾经是最大的课题。当然，鲜度管理如今也是不可或缺的技术。当时，如何进行鲜度管理（HOW）是超市的一大难题。

但实际上重要的是，应该对什么进行鲜度管理（WHAT），即鲜度管理的对象。仅是 HOW 的话，只要交给这方面的专家就可以了。就像汽车，只要有司机的技术就可以运转起来。

而电车，仅有技术娴熟的机械师和司机是不能运转的。何时、何地、以何种顺序，发哪辆车，如何配置……如果没有决定这些工作的组织，电车就无法运转。

<在日本流通业中首次引进组织论的连锁理论>

经过上述一系列的思考，现在来重新回顾流通业的历史，可以看出，最初把流通业变成流通业组织的想法引进日本，是连锁理论做出的重大贡献。

连锁，即使是统一的店铺连锁，没有一些组织也无法运转。日本以美国的连锁为模板形成的连锁理论，首先发现了组织的重要性。

如果之前提到的江户时代老字号的"家训""商训"，以及后来的石门心学等就已经足够，连锁理论应该也不会特地再去引进诸如组织论这样特别烦琐的理论。

正如发现连锁这一理想状态一样，组织论这个发现也可以说是具有划时代意义的。如果没有连锁理论和它的组织论，如今与零售业、商业不同的、具有组织的"流通业"应该不会存在了。

然而，这个组织论的特征之一是，虽然对于构成各种组织的专家们，其各自的任务和责任有详细的论述，意外的是，对于高层经营层反而几乎没有论述。

为什么对专家们有详细的论述呢？在组织论的基础上，对各自职务有所论述是理所当然的，因为职务的分担才是组织的本质。

但只对专家有所论述还有一个理由，那就是，考虑到专家职务的最终目的，就是对高层的命令绝对服从。

反之，首先有高层的存在，要实现高层的构想，需要考虑统一的店铺连锁，需要什么样的专家、怎样的组织章程，这就是连锁理论中的组织论。

这也是连锁理论，从美国的模板里学到的。在美国，组织只不过是执行高层构想的手段。

店铺连锁是以大量生产为模板，统一照搬过来。因为只有工厂主一个人，才是所谓的高层。

<连锁组织论，其实曾经是组织无用论>

如此看来，虽然当时没有意识到，但是可以看出，这个组织论跟江户时代老字号的身份制度很相像。所谓身份制度，用一句话说就是，为了主人一个人而全员运作的机制。连锁理论的组织论，跟这个基本的理论很相似。

从连锁理论的组织论中有代表性的专家——门店经理和购销员——的本质看，可以看出他们是负责降低成本的专家。

门店经理的数值责任就是纯利润。

纯利润是指毛利营业额减去经费后的金额。连锁中的大部分经费都是店铺人工费。也就是说，门店经理的任务就是把店铺人工费这一成本降低。

另外，购销员的数值责任就是毛利润。毛利润即从销售额中扣除商品原价后的金额。

购销员的任务可以说就是，如何将商品原价这一成本降低。

组成连锁理论的组织论最基础的两个专家，他们任务的共同点在于降低成本。其任务并不是要创造什么。创造的任务是其他人来做。也就是说，连锁专家的任务，仅是降低操作成本。

简言之，组织只不过是像工厂的机械，或者操作机械的工人那样，是个"手段"而已。

如果是"手段"，当然是越简化越好，也就是说零是最好的。想从 A 去到 B 的时候，步行和坐车都是手段。因此，瞬间移动，也就是移动手段为零才是最理想的。

这是组织论的理想，也就是所谓的无人店铺。这绝对不是极端理论。为什么呢？因为大家已经认可了理想的工厂是无人工厂这一理论。

而且，在无人店铺是不需要组织的。连锁组织论，按照这个逻辑理解的话，就变成了组织无用论。

<店铺不是分散的"销售工厂">

有可以对此进行佐证的事实，那就是连锁理论中的理想店铺，"即使卖不出去也可以赚钱的店"。

大多数流通业或者连锁，如果执着于仅考虑 "卖出去" 这件事，可以说真是个大胆的想法。那么，为什么 "即使卖不出去也可以赚钱" 呢？答案其实已经有了。

因为，所谓 "即使卖不出去也能赚钱的店"，其实是指 "即使卖不出去，只要通过降低成本也可以赚钱的店"。并且，这最大的成本降低，即连锁运营中最大的成本，就是降低店铺人工费的成本，除此之外没有其他办法。

只有完全不需要店铺人工费的无人店铺，才是连锁组织论中店铺的终极理想状态。幸运的是，统一的店铺连锁的话，可以通过模仿无人工厂实现无人化。而且，无人店铺的话，不需要组织。当然，即使店铺是无人的，不代表商品进货也可以通过无人来做到。

但这仅限于自己公司没有商品供应计划，仅限于国际品牌的工厂品牌以及作为它的廉价仿品的个人品牌的处理，商品部仅负责交涉。

正如 194 页中论述的，真正意义上决定采购价格、商品进货价格的，是决定开店、店的数量、销售额规模、订货量的高层。

确实，连锁理论和用来作为模板的 50 年前的美国连锁组织论以及它的本质一样。同时，即使现在，美国连锁的组织的理想状态，就是中央集权型、本部中心型的组织，这一点毋庸置疑。

但是，即使是美国，目前销售额在第 1 位的沃尔玛、Home Depot、Kroger 以及 Safeway 等，也不敢说是以这样的无人店铺为理想的组织论，或者是以"即使卖不出去也能赚钱"为模型的。

因为他们也一直明白每个店铺的重要性，以及店铺绝对不是被分散开的"销售工厂"。

<基于"用语定义集"思维的零件化手册>

在日本，第一次提出组织论的时候，曾经掀起了学习连锁理论组织论的热潮。但是，实际上学习的大多数，都是关于"必须遵守的规定"的说明。

这不是让人独自思考的教育，而是为了让人遵守既定规则的训练。即使内容做成了近代化即工业化，但是它的基础跟江户时代老字号的"家训"是一样的。

它的典型事例是，网罗了连锁理论经营用语，聚集了用语定义的"连锁用语集"。用语定义集这种东西，哪里都有。问题是，那是企业为了强制规范社员的措辞而做的。

但是，从连锁理论的另一方面去看的话，那是理所当然的。因为，社员中的绝大多数人归根结底就像是机械的零件，也像是齿轮。所谓的零件、齿轮，跟机械一样，如果不按照各自制定好的规则（定义）来行动，组织就无法运转。

不幸的是现实中，人类既不是机械的零件，也不是齿轮，但是无论如何必须与之相近。"用语定义集"就是为了将此思维统一的手册集。

常见的是，即使是没有采用连锁理论的企业，机械的操作也是根据手册进行的。不能说手册是不人道的，从某种程度上说，任何企业都是统一的。

确实，连锁理论把大多数人都假设为可以自由替换的零件。如果出现了成本更低的零件，替换掉之后就可以降低成本。如果可以有像替换自由的机械零件一样，去工作赚钱，这样的劳动观、工作观更好。

如果将其从道德的、精神的层面进行指责，那是不对的。它的问题是技术性。这个组织论既不培育人才也不培育组织，不会自我增值，不会自发地教育。机械不会自发地教育，但是人类可以。不要错过这个机会，认为做一个零件就好的人，即使组织风土改变了，也会感受到教育的乐趣。

<为什么1美元店把高层经营层都换了呢?>

关于连锁组织论，还有一个值得关注的事情，就是之前提到的 1 美元店的组织大变动。1 美元店在这 5 年左右的时间里急速成长，同时收购同行业的其他公司，眨眼间就成为拥有超过 1 万家店的大型连锁。

1 美元店基本上都是加盟店。它和日本的 7-ELEVEn 是一个很好的对比。它跟美国曾经的 7-ELEVEn 几乎是完全相同的组织论。

采用加盟店的理由，其一是如果要急速成长，用加盟店的方式更好，其二是加盟店不需要大量的投资、人工费。

因此产生的组织上的问题是高层经营层的整体更换。1000 家店、2000 家店的时候，高层经营层全部被肃清。创业时候的功臣，并不是退休了，即便年富力强也被排除在经营层之外。

这么说的话，也许会被误认为是在指责它的无情，但这是个恰当的措施。为什么这么说呢，因为 2000 家店的经营和 1 万家店的经营，是完全不同的。

所以选出来的新的高层经营层，全部都是经验丰富，且熟知曾经的 Safeway、沃尔玛等大规模连锁的人。

随着店铺数量、规模的变化而更换高层经营层这一点，即如果是本部集中、中央集权型，无论是在美国还是日本都是常识。连锁组织论，准确地将这一点指出来了。但对此还是有必要解释一下。

为什么 1 美元店必须把高层经营层都更换了呢？是因为急

216

速的成长。说起来就像在骨架上强行加上肉体一样的操作。像
7-ELEVEn 那样自然成长起来的企业，规模和组织是像从幼儿到
少年、从少年到青年这样一步一步自然培育起来的。所以，一
边吸收合并同行业的其他公司，一边以加盟店的方式急速开店
的话，7-ELEVEn 的做法是行不通的。当然，包括高层经营层，
没有人对企业会有爱恋的情结。

2 7-ELEVEn 实现了"真正的组织"

<将流通业的组织论做了革命性改变的7-ELEVEn>

然而，幸运的是在流通业的组织论的世界里，从20世纪60年代，引进了统一的店铺连锁理论，仅10~15年之后的20世纪70年代，就发生了大革命。即出现了7-ELEVEn的"个性化经营"这一划时代的组织论。

1974年开了第一家店的7-ELEVEn，在1976年达到了100家店，1980年达到了1000家店。7-ELEVEn所做的，并非连锁理论的革命这么简单。

7-ELEVEn所做的，是连锁经营本身的革命。这是第一次全面否定了一直适用于工业的流通业的统一的店铺连锁。不如说主张连锁店的每家店铺都应该不一样，7-ELEVEn将这一主张付诸实践且取得了成功。

在日本流通业，真正称得上"革命"这个概念的，一个是"连锁理论"的介绍和据此引发的"流通革命"，还有一个就是7-ELEVEn。但是，不管是连锁理论还是流通革命，都是从美国引进的。真正意义上的本土革命，只有 7-ELEVEn。

当然，一开始就明白这个革命意义的人几乎没有。它的确定性到底有多小，正如第 2 章指出的那样。当时是统一的店铺连锁理论的全盛时代。但是，7-ELEVEn 的革命性意义没有得到关注，很意外地被忽视了。

那是因为，7-ELEVEn 只是一个拥有 30 平方米的小店。20 世纪 60 年代后期，可以说世界简直是一个"大商场"时代。而 7-ELEVEn 革命的意义，也正是这个所谓的"小店"。小店的话，如果不能让附近商圈的居民全都成为顾客就无法维持。所以革命性地改变了连锁的组织论。

<7-ELEVEn 彻底否定了"销售工厂"型的连锁>

大商场可以将相当广阔范围内的商圈都作为对象。因此，这个商圈的居民，即使没有全都成为顾客，也足以使客流量、销售额和收益得到增长。像工厂那样有统一的商品种类，也就是说只要瞄准这一部分需求就好了。而恰好那时，是以"自来水哲学"为代表的大众化经营开始的时代。

但 30 平方米的 7-ELEVEn 不可以这样。一般认为，像百货店这样的大商场，经营着种类繁多的商品，更应该像小店一样统一商品种类。

事实上，作为香烟的专卖公社（当时）的"小店"连锁的香烟店，是统一的店铺连锁的代表。家电工厂以及化妆品工厂的销售店铺事实上也是统一的店铺连锁。

其实就是拥有 1 台机械的销售工厂分散在各地。相对地，大商场就是拥有 100 台机械的销售工厂分散在各地。然而，7-ELEVEn 从头开始就彻底否定了来自机械分散的工业的连锁想法。

正如之前说明的，曾经的连锁组织论，是为了高层一个人的中央集权型组织论。当然，7-ELEVEn 也不是为了与众不同才将每个店的商品种类都做了改变。它的目的是让每个商圈里的居民全都成为顾客。然而，以此为目标当然就不是统一的店铺连锁了。

不得不将每个店的商品种类，根据各个商圈的实际情况来进行相应的改变。这也就不能像一直以来采用的连锁组织论那样，高层的命令一下，全体都模仿它运行起来。因为是特许加盟，特许加盟店就可能是根据特许加盟总部的意志，并受其左右的组织。不如说这是个性化经营，每个店铺都是作为特许加盟店这样的另外的企业，可以巧妙地灵活运用。

个性化经营，与美国快餐业中很常见的特许加盟，形成了强烈的对比，特许加盟是更加统一的、工厂化的经营。

<只有商场经理，才是只为计算损益行动的>

这么说的话，7-ELEVEn 的特许加盟店的"店长"，和连锁组织论的商场经理，当然会有完全不同的任务。

商场经理以尽可能接近无人店铺为理想，把降低店铺人工费作为最重要的任务，7-ELEVEn 店长的任务则是管理商品。

所谓管理商品，就是通过推测每个商品的销路及其原因，从积累的数据中，预测第二天的订货种类、数量。所谓推测每个商品的销路及其原因，就是考虑什么商品、什么时候（天气、时间段、星期、其他）、谁、为了什么、和什么一起卖比较好等。

这可以说正是 30 平方米的小型店铺才能开展的。当然，3000 平方米的话，如果分割成 100 份也不是做不到，但它首先能否想到这个动机、契机。

当然，也是因为它是把店铺当成自己的特许加盟店。基本上，店铺里的物件、商品库存、所有权及使用权都在特许加盟店。从这里增长得到的利益也是自己的（最近一部分连锁中，好像有本部来筹备店铺的案例）。

对于连锁店的商场经理来说，店铺只不过是公司的而不是自己的。即使利益增长了，可以反映在业绩和奖金上面，那也不是自己的店铺。

不过 7-ELEVEn 的店长，并不觉得仅是为了计算损益而进行商品管理的。不如说，在这一点上，连锁组织论的商场经理，只计算损益。而 7-ELEVEn 的店长，应该已经意识到了，通过管理商品可以提高自己的预测能力。提高自身能力，会感觉到工作的价值，这是人类自然的情感。只了解零件就好的工作观，不如说是没有遇到好工作吧。

<跟"我们公司的顾客"有着根本不同的"我们店的顾客">

个性化经营开始做特许加盟店的时候，只是象征性的。为什么这么说呢，因为特许加盟店，不是仅由自己的店、自己的成绩这种利己主义来推动运营的。

最重要的是，统一的店铺连锁的店长也好，店员也好，没有认为来到店里的客人是"我们自己店的客人"。

对统一的店铺连锁的店长和店员来说，"来到店里的顾客"是"我们公司的顾客"。为什么呢？因为他们的目的，不是从外部，而是一开始就从内部的降低成本调整而来的。其实特许加盟店也是一样的。美国 7-ELEVEn 的特许加盟店的目的也几乎一模一样。

相反，正因为是个性化经营，特许加盟店、店长和店员的目的，是想要看看外部。为什么呢？因为顾客是"我们店的顾客"。

因此，顾客脸上浮现出的连他本人都没有意识到的微妙的表情、情绪的变化，顾客本人都没有意识到的自己语言中真正的意图、购物的理由，以及来这个店里的原因等，店长、店员们都可以凭直觉感受到。

所以这不是生硬的理论，而是感觉的问题。人们都会陷入错觉：大数据就是数据，网络信息就是信息，市场就是产生和创造畅销等。其实不是这样的。再也没有比在门店跟顾客直接接触的数据更加丰富的了。可以和顾客直接接触获取数据的店大概有 2 万家。

甚至可以说，有效的数据只有这个。数据不是数字。佐证这个数据的感觉也好感情也好，是跟每个顾客的直接接触。如果没有这个，数字就是单拿来跟同类数字做对比的手段而已。所以会比较店长的营业额业绩。

正因为如此，像个性化经营这种组织，商品管理这种方法，以及特许加盟店的利己主义，才会诞生。

与之相反的例子正是，以麦当劳为代表的中央集权、总部为主的组织，他们无非具有致命缺陷。

<商圈，是用天体望远镜看呢？还是用放大镜看呢？>

那么，这样的话，商品部的任务是什么呢？当然，跟连锁组织论的购销员，应该是完全不同的（在 7-ELEVEn 也叫购销员）。

商品部的任务，用一句话说，就是对个性化经营的店铺进行提案。这是一个真实的例子，曾经有一家店，中午的便当订货量是其他店的 2 倍多。调查原因之后，发现在那家店附近正在进行土木工程，很多人都是 1 个人吃两份便当。

这个时候，商品部所采取的行动是，专门为这家店提出了大容量便当的提案。这是统一的店铺连锁的购销员绝对不会做的事情，甚至都不会注意到。因为对连锁组织论的购销员来说，店铺只不过是自己负责的商品销售区。

对于这个店来说，是大容量便当。但是从收集自各个店铺的细微数据中，预测提出什么比较好，除去什么比较好，并着手准备，是极难的工作，甚至可以说是神奇的技能。

可以实现，是因为 7-ELEVEn 靠自己的实力一家店一家店开起来。通过收购合并同行业其他店铺，一下子增加店铺的数量，这种方法是 7-ELEVEn 创业 40 年来至今都没有用过的。组织的实力，随着成长会自然而然地获得。

第二个理由就是它的开店方式。7-ELEVEn 是采用先确定大商圈，再在其细分的小商圈内确定店址，进行开店。即使每个店铺的状况都有所不同，特定的区域还是可以用放大镜来观察。

连锁组织论的统一的店铺连锁，正因为它是统一的店铺连锁，所以和用天体望远镜观察广泛区域形成了鲜明对比。

第三个理由是，有必要的话在各个商圈内进行服务外包、团队合作。即使有无法预测、突然的行情变化，也可以根据各个店铺的需求迅速应对。

<真正的组织责任是互补>

在连锁组织论中，商场经理和购销员的责任区分得很清楚。也就是说是责任分担制。这么说的话，似乎也可以说责任本来就应该是分担的。

不过真正意义上的责任，必须是分担、互补。这样完成的体制，才是组织。仅分担就可以的话，那只不过是机械零件的集合。

适用于工厂理论的组织论，忽视了这一点。机械和零件，只能分担其各自的机能，即分担责任。当然，机械和零件通过实现其功能，作为整体运行。而零件之间，应该没有互相意识到这一点。意识到这一点的，是操作机械的那个人，也就是高层。

7-ELEVEn 的组织之所以具有划时代的意义，是因为它否定了这个责任分担制。店长的责任是将客户想要的商品，在想要的时候，把想要的数量准备好。但是，店长只能在 7-ELEVEn

特许经营总部商品部提供的商品清单中选择。即使大容量的便当很好卖，也不能擅自和厂家订货。

因此，店长的责任以及数值，跟商品部提出了多少关于店铺要求的提案息息相关。重要的是，这个提案，还不是只包含店铺要求的东西就可以的。

必须能满足每个店铺在任何时候的要求。商品部不是向店铺提供大概这个商品可以卖的提案就可以。还必须做出大容量的便当适合什么样的店、什么时候、需要多少等这样的提案。不过其他的店是不需要这样的便当的。

这样看来，店长的责任是由商品部决定的。责任不是仅用来分担，为了充分实现分担的责任，也不是仅店长努力就可以的。这是和分担组织决然不同的地方。

<责任悬空才是真正的组织>

那么，商品部那边怎么样呢？商品部的责任就是，对每个店铺纳入的商品进行提案。但是，不管商品部如何努力，如果得不到每个店铺的认可，也是徒劳无功。

即使商品部做出了大容量便当的提案，假如店铺没有意识到自己店里的便当销售量格外多的原因，也不会订购这个商品吧。

就是说，7-ELEVEn 的做法是，一旦订购了，即使商品与预测相反且没有卖出去，也只能自己负担。特别是有鲜度要求的商品，卖剩下的、过了保质期的，只能由购销员将其废弃。

有鲜度要求的商品，不仅是便当、关东煮、饭团，还有报纸、周刊杂志等。杂志等虽然可以退货，但无法避免时效性衰退。这样看来，店铺的商品选择，当然就变得非常严格。商品部做出提案，即使这个提案非常适合这家店，如果店铺无法理解也会被驳回。

商品部的责任，其实掌握在店长的手里。责任在分担并实现的同时，也互补。如果商品部的实力和店铺的实力不能很好地匹配，这个组织就无法运转。

在连锁组织论中，有这样一种说法，即卖不出去的话是店铺的责任，这样把责任强加于人的话会让人坐立不安。

然而，在 7-ELEVEn 的组织中，店长的责任跟自己的实力有关的同时，也跟商品部的实力有关，商品部的责任也是跟自己的实力有关的同时也跟店长的责任有关。但这不是目前很多团队运动等的"连带责任"。

这个组织的构成之所以说是革命性的，是因为相对于大多数组织论都是围绕如何分担责任，做出了思考而言，它是考虑了责任悬空。要实现责任悬空，必须将实力已经是在伯仲之间的人组成一个组织。

<把手段变成目的，把目的变成手段，就是组织>

所谓将实力已经是在伯仲之间的人组成一个组织，是指组织不仅应该有"手段"，也应该有"目的"。连锁组织论中，高层以外的组织人员用一句话说都是"手段"。

但在 7-ELEVEn 的组织里，组织既是手段也是目的。实际的 7-ELEVEn 的组织到底是什么样的呢？在这里我们暂且不提，把责任等先暂时忘却。

假设我是店长。作为店长，想要提高管理商品的技能，应该不仅因为这样可以增加自己能得到的利益。技能提高的话关系到自信的提高。自信当然仅对自己有好处。

那么，怎样去提高商品管理的技能呢？要根据商品部提供的在我们店可以卖、可以将客人变成顾客的商品的提案。对于没用的商品对象，无论怎么提高技能都徒劳无功。这和无论怎么跟技术差的投手练习，都没有办法提高技能是一样的。

反之，假设我是商品部。作为商品部想要提升技能的话应该怎么做呢？即使好不容易投出一个好球，如果尽是打不到的选手来做对手，投球的技术也无法提升。即使是千钧一发的投球，如果有能打到的对方选手，也可以提升投球的技术。

商品部的实力，和有实力的店长互相配合才能提升。需要注意的是，在这个理论中，店长没有考虑商品部，商品部也没有考虑店长。对方只是提升自己技能的"手段"。互相之间都只考虑自己的"目的"。但是，正因为要实现自己的目的，才必须让作为"手段"的其他人也提升技能。

"组织"本来就应该是这样的。对企业来说，我个人终究只是"手段"而已。企业不会终生照顾我。但是，对于我来说，企业终究也只是"手段"而已。即使企业倒闭了，我只要转行就可以了。把本来对互相来说只不过是手段的东西，变成目的，就是真正的组织。

<组织不是单个企业，而是多个企业的联结>

在 7-ELEVEn 的存在状态之上，其实已经给出了一个更加重要的暗示。在这里，让我们先从店长（加盟店）和商品部（特约经营总部）的视角中走出来。

于是，会发现一个很有趣的事情。那就是，7-ELEVEn 作为一个企业体，并不是完整的组织。店长和商品部之间可以说是"悬空"的关系，实际上已经波及它的周边企业。

7-ELEVEn 不是仅由加盟店和特约经营总部组成的。生产商、供应商以及负责物流管理的配送中心等，将这些全部联系在一起之后才组成了 7-ELEVEn。

生产商、供应商，如果不能将商品部订单要求的商品特性准确地实现，而大多数商品都是依靠团队组织来实现的 7-ELEVEn 的产品组合，就没有办法在店铺具体体现出来。

同时，不仅是 24 小时营业，产品组合必须根据每个时间段改变，深知以上几点的 7-ELEVEn 在商品备货时，也必须根据每个时间段来改变。

这个仅靠生产商和供应商是没有办法实现的。必须要有负责物流管理的配送中心。所以可以粗略地说，店长（加盟企业）和商品部（作为特约经营总部的 7-ELEVEn 本部）、多数的生产商和供应商，以及物流管理企业，它们必须组成一个组织后才能运转。

所谓组织，已经超越了企业的框架。缺少了任何一部分，7-ELEVEn 都无法运转。或者不如说，这样的大组织中的其中一个因素的变化，必然会促使各个因素都产生变化，7-ELEVEn 成为了这样一个整体。

比如说"关东煮"，是由店长判断，生产商、供应商制造加工，以及负责物流管理配送中心，来共同招揽客户的。物流管理的技术提高了，下单的时间可能会推迟。于是生产商的制造加工技术也必须赶上。而组织，不得不形成一种互相之间为了共同进步而努力奋斗的形式。

<7-ELEVEn，除了组织以外什么都没有>

到现在为止，我们讲述了各种各样的"组织论"，不仅有流通业的、工厂、服务业等其他行业的，甚至还有军队的。但是，这些组织论无一例外，都是无意识地以一家公司为对象。

所谓1家公司，指的是"强制命令可以波及的范围"。不过，7-ELEVEn的组织中，相关联的组织只有1家公司的话是不完整的。这个组织是已经超越了"强制命令可以波及的范围"。不过从今往后，不仅是7-ELEVEn，应该还会有更多的组织超过1家公司的范围。

我认为，从今往后的组织论，必须无意识地把超过强制命令的多家企业的组织设想作为前提来考虑。

同时，7-ELEVEn中还有一个暗示。前面有提到堀江贵文的收购富士电视台事件。实际上，7-ELEVEn已经超越了富士电视台。为什么这么说呢，因为店铺，基本上是特许加盟店，也就是别人的东西。生产商、供应商的加工厂当然也是别的公司，配送中心的设施和搬运用的车辆等也都不是7-ELEVEn的。

即使富士电视台倒闭了，它的机器和土地、建筑物等可以都卖掉。但是7-ELEVEn如果倒闭，除了本部的大楼之外没有什么其他可以卖的东西。

本章一直在思考组织，基本上都跟7-ELEVEn很符合，这其中的一个理由是，7-ELEVEn 除了组织以外，什么资产都没有。如果说到仅靠组织就成立，很多人会举出硅谷的企业群的例子，但是，日本也有白手起家且仅靠组织就成立的 IT 企业，我们不应该忽视它。

<作为上司的必要条件，能否从中跳脱一半去审视>

大冈升平在他的《莱特战记》中，从日本军队、美国军队、日本兵、美国兵、大冈至少 2 个组织，以及与此相关的 3 个立场，也就是 5 个视角对战争进行了描述。战争也是组织之间的战斗。这部著作并不是企业组织论，但可以给组织的诸多问题提供启发。

所谓没有将多数企业联结在一起就无法运转的组织，是指如果没有多个视角就无法运转的组织，也指如果只是一家企业，就不得不从外部视角来看自己的公司这样的组织。

这在一个组织中也是很重要的一点，即当得起"长"之名的人必须具备的条件是，可以自发地从自己作为"长"的组织中跳脱出来，以客观的视角去看。

可以从企业中跳脱出来看到自己公司组织的人就是社长。应该说社长的任务正是，从自己公司跳脱出来看自己的公司组织。同样,部长要从他的部门,店长要从他的店铺,卖场主任要从他的卖场,每个人都必须从中跳脱出来才能看到组织。

因此可以做到,客观地看到自己的部门、店铺、负责的卖场的问题以及定位,并给出明确的指示。

实际上,有一个可以以最客观的视角观望企业的位置,大多数人都忽视了这一点。那就是小时工。对小时工来说,不需要升职也不需要对上司阿谀奉承。也就是说,一开始他们就是局外人。而因为每天在企业工作,具体情况小时工比较了解,他们是跳脱出一半来客观地审视企业组织。

社长之所以可以客观地看到自己的公司组织,正是因为他有一半是完全融入了企业的组织中。可以作为参考的是,有一半完全融入组织中的小时工的视角。这就要求组织是一个至少可以让有一半能够积极地融入组织中的小时工也能"参加"的组织。

3 否定权衡，改成兼备

<所谓权衡，是指没有技术>

关于组织的问题，想更进一步思考的主题还有一个，即有关权衡和兼备。连锁组织论，基本上是站在权衡的立场上的。

所谓权衡，一般来说是指"站在那个立场，就不能站在这个立场"这样的一个逻辑。但这只是个寻求方便的理论而已，实际上是把仅在勉强维持的事情强行正当化的理论。

举一个很好理解的例子，商品卖得很便宜，商品备货品种的范围就受到了限制，也就是站在了便宜的立场的话就无法站在选择丰富那一方。然而，这只不过是技术不到家而已。为什么这么说呢？限制了商品备货品种，卖得很便宜的话，即使不能说谁都能做到，也可以说有很多店铺能做到。

卖得很便宜，尽管如此选择也很丰富，这不是谁都可以做到的事。没有技术的话是不行的。不过，谁都能做到的事，就不叫"技术"了。

所谓技术，是指对大多数人来说做不到，但是偶尔也会出现能做到的人。这样考虑的话，权衡只不过是技术不成熟的借口。

但是,为什么采用了权衡的构想?这是不得不思考的主题。

比如麦当劳很便宜,但它只是快餐,这是一种权衡。反之,餐馆可以提供做得很好的餐食,但它很贵,这也是一种权衡。这两者,有着什么样的关联呢?

<做比较,才是权衡构想的本质>

为什么可以说麦当劳"便宜"呢?为什么说对快餐不能有像对餐馆餐食那样"美味"的期待呢?反之,为什么说餐馆贵,它的餐食比麦当劳"美味"呢?

应该注意到,这两个权衡它们本身就是互补的。便宜但选择受限,以及不便宜但选择很多。

在权衡理论的深处,有的就是这样的互补的关系。换句话说,权衡理论如果没有这样的互补就无法成立。

在哪里又如何去互补呢?之所以觉得麦当劳"便宜",是因为有像餐馆一样"贵"的店。之所以觉得餐馆的餐食"美味",是因为有像麦当劳一样"不美味"的店。

事先说明,说麦当劳"不美味",是跟餐馆餐食相比较而言的。在这里有互补的关系。

为什么连锁理论提出了权衡理论?理由就在这里。连锁理论所支持的，是"业态"备货方式。不是产品组合。所谓"业态"，就是互相比较的东西。有"便宜与否"的竞争，也是因为都在卖着相同的东西。

在业态商品备货方面，也应该注意站在和同行业其他公司的互补关系上。所谓比较，是因为有可比较的东西。对于持有疑问的人，只能说，去比较一下无印良品、大创和7-ELEVEn吧。

然而，业态常常互相比较。因为那是业态的品种综合化的本质本身。所以超市才会受了便利店的影响，药店受了家庭用品商店的影响等，这样很合理地传播开来。

<否定撤旧建新吧>

受到美国超市的启发，业态商品备货种类出现的时候，日本拥有的是业种。与业种相比，业态更受支持的原因，是这样购物更加便利、实现了一次性购物。

但是，便利性正是和其他比较才得出来的。因此，超市出现之后，与之相比店铺规模更大的大商场出现了，就是因为那样购物更加便利，可以实现一次性购物的范围更广。

超市自己本身，虽然最开始只有100平方米、200平方米的店铺规模，"适宜规模"这样的词语出现后，变成了200平方米、300平方米，甚至300平方米、500平方米，名称也由"超市"

变成像"超级超市"这样的日式英语,其原因也在此。

这里也有权衡理论的支持,可以透过它们看到比较的构想。重要的是,这次将其与"撤旧建新"这一理论随意地结合在了一起。

所谓撤旧建新,就是把旧的、小的,变得不方便的老店拆掉,重新建造新的、宽敞的、便利的新店。这里隐含的是一种认为店铺是消耗品的构想。事先说明,并不是称之为消耗品就是贬义,消耗品也是被需要的。

为什么把店铺看作消耗品呢?是因为,店铺不是目的,而是提高营业额、销售大众实用品的卖场,也就是店铺的"手段"。

这跟工厂的机器旧了,就毫不犹豫地用新品将其替换掉是一样的。但是,工厂的机器和店铺之间,有决定性的差别。店铺是有顾客的店铺。在7-ELEVEn,店铺对于特约加盟店来说是无法取代的。撤旧建新之所以成为最终手段,也是这个原因。

<追求永远的技术的兼备理论>

前面说到,权衡理论是源自没有技术。没有技术的话会有什么困扰呢?这么说来,对自身技术很满意的人,就不会有权衡吧。

虽然明白了这些，却认为技术不足是权衡理论，很糊涂地主张技术不足就是权衡的原因，这其实是在给顾客添麻烦。

不论是便宜却商品备货种类的范围受限，还是商品备货种类有保证但不便宜，这两者实际上归根结底都是在跟顾客说"请您忍耐一下"。

不管什么店都做不到让100%的顾客100%的满意。那么为什么要指出这一点呢？是因为不管什么样的店，都有某些方面在让顾客忍耐。

重要的是，虽然提出了权衡这样的理论，却不合理。如果认为这是站在顾客角度考虑，那就错了。不需要这种道德性的合理化。

流通业或连锁业的立场，正是企业自身的立场，不应该采用权衡理论。正因为是自己察觉到了正在强制让顾客忍耐，才是培育技术的出发点。

取代权衡的兼备理论，才是真正的构想。便宜，而且商品备货种类的选择也很丰富，这就是兼备。推荐兼备构想的原因是，即使实现了便宜且备货商品丰富，也不能满足于此，而是进一步将鲜度更高作为接下来的目标，并永远追寻下去。虽然故意避开了详细说明，但前面介绍的美国全食食品超市，可以说是做到了兼备的六次方。

对兼备来说，必须要有和人家一样优秀的技术，以及组织。

技术也好组织也好，如果没有感觉到不足就无法进步。没有技术也认为合理的权衡思维，其实是无法创造技术。

无法创造的话，就只能热衷于比较了。应该拿来做比较的，既不是同行业也不是其他公司，而应该比较目前自己公司和未来的公司。

<继承了 7-ELEVEn 的 "个性化经营" 的超市>

最后论述一下"个性化经营"其后的发展。虽然会有人觉得：还有其后之类的事情吗？当然有。

称为个性化经营的组织论，是 7-ELEVEn 创始的。不过，也有学习了它的独创，并在别的领域实现了，或者说以实现为目标的例子。

那就是超市连锁的八百幸（YAOKO）超市，以及 7&I 旗下的红丸超市。将 7-ELEVEn 创始的组织构想适用于超市，可以说这是超出想象的壮志宏图。

为什么这么说呢？是因为 7-ELEVEn 和超市连锁之间，有着以下几点无法忽视的决定性差异。

差异之一，7-ELEVEn 是特约连锁，而八百幸超市和红丸（York）超市是直营。这之间到底有什么不同呢？把堀江收购富士电视台事件反过来看，就可以明白其中的意思了。这两家公司的店铺、陈列器具、商品、配送车辆以及配送设施必须都是自己的。

对 7-ELEVEn 来说，商品库存是特约加盟店持有的，特约连锁总部没有的话也可以。甚至对零售商来说，商品库存是特约加盟店持有的。

更重要的是，这两家公司的人员都是自己公司的。7-ELEVEn 除了属于本社的主要人员以外，店铺运营、搬运、以及制造加工，它们的工人费都可以是其他公司的。

但是跟便利店不同的超市，像生鲜食品、面包蛋糕、熟食等有相当一部分不得不自己加工。如此就必须有设施和人员。

换句话说，在直营店做"个性化经营"的话，相对于 7-E-LEVEn 的 1 人 1 职，它 1 个人要做特约加盟店和特约连锁总部两个角色的工作。即便如此，这两家公司还是实现了"个性化经营"。

<"个性化经营"都由自己公司来做会很困难>

第二个差别在于，相对于在 30 平方米里有 3000 种商品的 7-ELEVEn，超市拥有超过其 20 倍，大概 600 平方米的面积。

虽然商品种类没有 7-ELEVEn 的 20 倍，但也是非常多。商品种类的数量不同。让我们来做一下数学题就能明白了，1 位数的乘法谁都会算。

2 位数的话,能够心算的人马上就少了很多吧。更不用说 3 位数了,除了用算盘计算的人之外,大概没人可以心算吧。

当然管理商品的人数,超市也比 7-ELEVEn 多。不是店长等几个人,卖场主任以下的店铺主要人员都从事这份工作。

特别是这两家公司,是看不到像小时工那样拿着时薪、做着单纯工作的人。它有着跟连锁理论不一样的方针。所以不叫小时工而是叫"工作伙伴"。

这不是常见的送人情的称呼。是因为小时工对业务判断这样的工作也很熟练,所以也参与商品管理。

话虽如此,跟 7-ELEVEn 相比,仅商品管理,也是很辛苦的工作。

第 3 个差别在于,"个性化经营"的成本,要远远高于 7-E-LEVEn。所以当然不能说诸如"即使卖不出去、削减成本,也能赚钱"这样的话。如果不能比同行业其他店铺卖得更多,赚得更多,就无法实现"个性化经营"。

这跟全都交给特约加盟店的 7-ELEVEn 相比,超市要实现"个性化经营"到底有多么困难,真是难以想象。

即使有这样的不利条件,比起更加统一的店铺连锁,"个性化经营"是公司应该选择的道路,这就是这两家公司的高级经营层做出的判断。

<培育人才才是店长最重要的任务>

但是换个角度去看的话，也可以说因此创造出来的组织就全都是自己的。这里说的组织，指的不是工作的分配之类而是培育人才。

这两家公司的店长的最大、最优先的任务，跟连锁组织论的商场经理的任务完全不同。并不是降低成本之类，而是培育人才。

其实即使没有连锁组织论的指导，大多数连锁也都是把店长的责任数值首先放在了营业额上。事实上大多数连锁，都没有考虑降低成本。

这两家公司，店长的责任数值之一肯定是营业额。但这不是为了通过这么做来激励店长。所谓人才培育，是因为它可以直截了当地在客流量、营业额上体现出来。

最能证实这一点的是，在便利店中，7-ELEVEn 的营业额和客流量远远地超过了同行业其他公司的这一事实。无论是超市还是其他流通业，都无法改变这一事实。

所以在这两家公司，所谓"实力强大的店"，一方面是在营业额上不输给其他店，另一方面是培育了大量人才的店。

由擅长培育人才的店长培育出来的人才，最终也能成为擅长培育人才的人。为什么呢？那是因为人在被培育的过程中，通过培育的方法以及自身的体验，自然而然地学会了培育人才。

至少在不擅长培育人才的上司手下工作，是不可能成为擅长培育人才的部下的。

能够佐证这个理论的事实，正是刚举出的工作伙伴的例子。小时工在其他公司按时薪做单纯的劳动，雇用小时工是为了降低人工费成本，而灵活使用小时工，称他们为工作伙伴，并不是因为这样更加合算，是因为相信这样做，小时工更能感觉到工作的意义。

至于如何把员工的能力释放出来，这一直是企业行动中最受重视的必要条件。

<明智决断的"个性化经营"的真正理由>

优秀的人才储备，本身就十分有限。如果是中央集权，只要在本部聚集人才，整个连锁店就能运转。与之相比"个性化经营"的确是个艰难险阻的历程。每个店铺都必须有人才。这样的"个性化经营"，比 7-ELEVEn 更加困难。

但是为什么这两家公司，实现了这个只在 7-ELEVEn 被证实了的"个性化经营"呢？

重新想想，非特约经营连锁的直营；店铺、商品、人工费成本都自理；店铺面积更大、商品种类也格外多；相比 7-

ELEVEn 在自己公司进行的加工制造要更多；大部分配送不得不自理；换言之，实际上是这两家公司，即使没有实现"个性化经营"，不作为便利店，而是作为超市连锁展开的话，以上几点也是必须要做的。

那么即使不是中央集权制，而是实现了"个性化经营"，那就是说并不是因为它是"个性化经营"才这么做，而是因为作为超市这也是必须要做的。

这么考虑的话，不得不说个性化经营的战略判断实在是明智的决断。确实，仅在人才培育和组织建设方面，跟中央集权制比起来都要辛苦得多。

但不管是人才还是组织，正是因为有了这样的条件要求，才能培育出来。正是因为有很难考取的学校，学生们才会努力学习。如果任何一个大学都可以畅通无阻地考入，那么谁都不用学习了，其道理是一样的。为什么说这个判断是正确的，会在后面加以证明。

那就是从美国的韦格曼斯食品超市和全食食品超市学习并引进半成品生鲜的时候，进行个性化经营的人才和组织的培育，有着决定性的好处。如果没有现在的人才组织，那么半成品生鲜肯定会止步于只是一个议题而已。正确的战略判断，甚至可以说是幸运的招募者。

第 **6** 章

**活用网络的流通业者成功
误用网络的流通业者失败**

1 | 亚马逊开拓的网络市场中有无限的可能性

<不能模仿亚马逊>

现在流通业正在陷入激荡时期。可以说，继曾经的连锁、业态，7-ELEVEn 的创业之后，又有了第三大变化，即网络的出现。

必须马上指出来的一点就是，不能将在网络销售中大获成功的亚马逊当作典范。理由很简单，这跟如今不能以 7-ELEVEn 为典范开始做便利店是一样的。

为什么这么说呢？第一，亚马逊现在已经是脍炙人口了。亚马逊已经成为网络销售的代名词了。如今再将其作为目标重新开始，只能说太无谋了。

第二，亚马逊已经完成了物流管理系统，可以说几乎是无人配送的自动化设施。当然，这是由亚马逊那庞大的营业额、利润来做支持的。事到如今再去追赶它，已经晚了。

第三，关于它的系统，举个例子，比如说在亚马逊下单购买了一本某个作者的小说，立刻就会有这个作者的其他小说的推荐邮件发过来，也就是常说的售后。

顾客在想到也想读一下这本书之前，会对亚马逊的这个服务大吃一惊。当然这个不仅限于书籍。家电、化妆品等众多商品中，如果觉得这个人可能对这些也有兴趣，马上就会有商品推荐的邮件发过来。

不仅如此，连近期预计发售的新刊、新品的预告以及预约下单的邮件也会发过来。因为在亚马逊买了小说"上"的人，也应该会买小说"下"。亚马逊这个不是"个性化经营"，而是创始了"单人对应经营"。从现在开始，追赶这个系统，可以说几乎是不可能的。

<正在创造需求的亚马逊>

第四，亚马逊制作了收集顾客对购买的商品感想的系统。不仅对商品，连包装的感想也要收集。这个感想无论好坏，似乎都可以成为亚马逊商品的核定以及对客户推荐的参考。为了确保让顾客放心、让顾客信赖亚马逊，差评多的商品亚马逊会做预先防范，不再推荐。

不仅如此，第五，它还有着决定性的订购便利性。

首先，拥有不出门坐着点几下鼠标就可以下单，这一点网络销售本身就有的便利性。其次，拥有发售预告以及推荐等下单的便利性。再次，虽然在地域以及商品库存的有无上有所不同，但现在或中午之前下单的商品，可以当天配送的便利性。毫无疑问，亚马逊是兼备了各种便利性。

就像在第 3 章中指出的需求创造，这样便利性的兼备，创造了需求。不单是网络很方便就能创造需求，因为这样的话任何一种网络销售的条件都一样。

亚马逊之所以能够立足于优势地位，是因为它还兼备了自身特有的、其他的便利性。在这个意义上，亚马逊创造需求不是仅通过商品本身，还有买到商品的容易性、便利性，都在不断地创造。

这样看来，第六，亚马逊对目前为止相对还没有涉及的新鲜商品，今后涉猎的可能性是有的。亚马逊，有朝一日也有可能销售寿司、火锅之类的外卖。

也就是说，对目前为止认为亚马逊跟我们没有关系，从远处眺望的流通业来说，会出现强有力的竞争对手。即使寿司、火锅之类的外卖现在还不能做到，但包装好的食品已经在相当一部分的范围里实现了。

不管是生鲜还是冷冻食品，将它们纳入其中也只是时间的问题。毫无疑问，亚马逊拥有可以将所有纳入其中、成为巨无霸的可能性。

<亚马逊所实现的，"无限"的发现及其延伸>

亚马逊也不是从创业之初就成功的，这一点我们必须铭记。亚马逊是从书籍的网络销售开始的。但是，开始之后才发现，原以为应该不需要店铺和人工费的网络销售，实际上也必须有庞大的空间和人员。

这么说的原因是，假如一个人订了 4 本书，即使其中 3 本立刻就能送到亚马逊的仓库，但有 1 本晚了，那么之后一直等到第 4 本书到，就必须保证有这样一个空间。网络销售的问题，并不是当初大多数创业者担心的吸引顾客的问题，而是从接受订单开始的流程问题。

亚马逊之所以克服了这一点是瞄准了两个"无限"的延伸策略。

其一是操作商品分类的扩大。如今亚马逊将业务延伸到了食品类，就是分类扩大的结果。

另外一个是，进军到其他国家的市场。当然亚马逊并没有普及到全世界。这个延伸之所以能称为面向"无限"的延伸，是因为它跟资本主义无限地创造"周边"寻找生命力的源头一样，在"无限"地延伸。

这个"无限"之一就是未来。股票是因为人期待其未来的增值（可能会）才会买入。增值是延伸到未来。虽然仅通过书籍的销售不能洞悉业绩的好转，但是扩大商品种类的话，能洞悉的时刻就会到来（可能会），这就是"无限"的运用。

同样，不仅是美国，欧洲、日本等市场也扩大的话，在这个过程中业绩就会好转（可能会）。这个"无限"的引进说起来应该是万般无奈之策，但也是亚马逊成功的原因所在。

这样看来，反过来在书籍的领域里，不也可以开拓无限的"周边"，不也可以采用面向无限的"延伸策略"吗？采用的策略，用一句话说就是长尾战略。

现在在亚马逊，在古书分类中可以买到稀缺本。所以，为了找到想要的古书而去搜寻古书店看来是没必要了。

<即使是极难找的稀缺本，在亚马逊也能找到>

长尾战略的发现，对不是网络销售的流通业来说也是很重要的启发，这是重要的需求创造。为什么这么说呢？因为稀缺本，跟它的名字一样即使搜索了100家古书店也找不到，是能购买到的可能性极低的书籍。

这里说的长尾，是从在制作以纵轴是销售数量、横轴是书名的销售量图表的时候，将畅销书放在左边做一个顶点，销售量少的书放在右边低处拉出一条长尾巴，像长尾（long tail）那样排列出来的。

没有亚马逊以前，想要买到稀缺本，只能靠运气。不过，有了亚马逊，只要点击一下鼠标就能看到全国范围内的稀缺本（当然仅限于在亚马逊中登记过的）。

这个对古书店来说也是一个很大的福音。为什么这么说呢？因为对拥有稀缺本的古书店来说，除了稀缺本，什么时候买手会来，这跟买手找稀缺本一样也是只能完全靠运气。

这个不仅是买手，对卖家来说，也是一种需求创造。已经停售的书籍，在亚马逊上找找看可能可以买到，萌生了这样的可能性。就像 7-ELEVEn 开拓出来的可能性，在深夜也能买到冰激凌，跟这个需求创造，几乎是一样的。

当然，亚马逊开拓的长尾战略能成为商业，是因为无论是卖家还是买手，都是把全国范围内的对象纳入其中。正是因为以全国为对象，稀缺本的卖家和买手都能找到。比如只有京都才有的一家日式点心店的高级点心，放到网络上的话，日本全国无论哪里的人都能买到了。

对于迄今为止有地理限制的店铺销售，这是无法想象的。之所以说古书店库存中的稀缺本和买手的相遇，简直跟中彩票一样幸运，是因为店铺销售无法摆脱商圈的地理限制。不过在本章的后面，会说明也不是绝对这样，店铺销售也可以灵活地利用长尾战略。

<亚马逊主要销售其他公司的商品供应计划中的商品>

关于亚马逊应该注意到的是，亚马逊贯彻在"销售"中，对商品供应计划一概不出手。亚马逊彻底运作的，仅是其他公司所制造、加工、销售的商品。

亚马逊最先开始做的是书籍。书籍全部都是出版社出版的。出版社不像家电制品那样拥有大型工厂。出版社一般只做编辑，印刷装订都外包给专业的印刷工厂和专业的装订工厂。给书店的配书，由代销店来做。这也是一种服务外包。

亚马逊从书籍开始以来，一直没有出手由自己公司做商品供应计划。也就是说一直贯彻执行流通销售业。这也可以说是实现了商品分类的无限扩大。

那么第4章提到的关于是销售利润还是总利润这个问题里，亚马逊增长的盈利，到底是哪一个呢？这点很吸引人。从结论上看，因为形式上只是在做其他公司商品的流通，所以它的盈利就应该是销售利润。

但是这个销售利润，也是亚马逊发明并构建了系统之后才得到的，是不允许其他人效仿的、发挥创造性的。

这一点我们思考一下下面要说明的物流管理技术，就应该清楚了。这样看来这个盈利确实是销售利润，但是从创造了前所未有的全新流通配送技术这个意义上看的话，这应该也可以称作总利润。

反过来对流通业来说，也是一个巨大的启发。那就是决定产品组合，然后做商品供应计划，创造店铺品牌的流通业或连锁业的商品，亚马逊一概不涉及。

店铺品牌的商品供应计划在意想不到的地方与网络接轨。像无印良品、东急手创、优衣库等没有在亚马逊销售，而是在自己公司独创的网络进行销售，其原因也在于此。

<再次确认物流管理的重要性>

这一点不仅是亚马逊，7-ELEVEn 也体现得十分清楚，那就是对流通业来说物流管理的重要性。

物流管理，在日语中一般被翻译成"兵站"。所谓兵站，是指士兵、粮草、武器弹药、运送设施、运送手段、野战医院等，对这其中的任何一个，都有计划地有效分配、利用。

曾经的战争是像拿破仑在奥斯特利茨和滑铁卢等地，德川家康在关原那样，以大军猛烈对击的大会战形式进行对战。但不管是太平洋战争还是朝鲜战争，大会战几乎没有。大平洋战争是以岛屿的形式逐一进行的。

因此，学习了在美洲大陆这片广阔的土地上培育出来的物流管理的美军，和在日本列岛这一片狭隘的土地上并没有重视物流管理的日军之间的差别就出来了。

考虑一下，连锁是开了很多店铺之后成立的。这一点不管是统一的店铺连锁还是个性化经营型连锁，都是一样的。也就是说连锁经营是按着店铺这一"岛屿"形式逐一展开的。

沃尔玛在美国全国范围内开了连锁店，迎来作为物流管理专家，作为负责物流管理的要职，这也是在讲述这一点。

连锁的情况下，只要考虑从配送设施开始到各个店铺之间的配送相关的物流管理就可以了，但是以亚马逊为首的网络业务，没有实体店的部分，必须把商品配送到每个人家里。比起配送到店铺，配送到私人家里，就需要更加细致的物流管理。

特别是运作着保质期很短的"生鲜"（比如饭团、沙拉、生鱼片，今天没有卖掉的话，明天就不能卖了）的 7-ELEVEn 和超市等，虽然是另一种意义上的物流管理，但物流管理也决定着产品组合的完成情况。

<再度审视"大商圈和小商圈">

流通业，特别是连锁经营中，认为物流管理很重要并发明出来，其实源于"大商圈"和"小商圈"的思维。用一句话说，就是先确定大商圈，再在这个范围中，确定小商圈，也就是店铺的"区域"。

比如说 KASUMI 超市将茨城县作为大商圈，红丸超市将福岛县作为大商圈，八百幸超市将埼玉县作为大商圈。这样表达的话更容易理解，但严格来说不管是大商圈还是小商圈，跟行政区划并没有任何关系。

必须事先说明的是，这个大商圈和小商圈的想法，是在日本首次介绍的连锁理论。虽然连锁理论是从美国学习过来的，但着眼于这一点还是归功于连锁理论。

很可笑的是，最忠实、最完美实施大小商圈的想法是 7-ELEVEn，7-ELEVEn 让大小商圈成为重要条件，但也几乎全盘否定了统一的店铺连锁理论。

7-ELEVEn 于 2015 年在青森、鸟取两个县陆续开店，可以说有称霸全国的势头，见证了 7-ELEVEn 是如何忠实于这个大小商圈的理论。

把连锁理论教授的大多数理论都以教科书般拥戴并创业的大多数连锁，除了运作着有鲜度要求的商品的超市连锁，都没有遵守这个大小商圈的基本理念。

多数大型店铺连锁，在大城市以大型店为据点开店，并没有遵守限定大商圈并在其范围内嵌入小商圈这个想法。相对忠实于这个想法的大型店铺，就是伊藤洋华堂株式会社。

也许曾经想过把首都圈这样人口过度密集的区域作为大商

圈，但是伊藤洋华堂株式会社，它的高层决定开一家当天想去就可以去的店。现在，从伊藤洋华堂株式会社中诞生的 7-E-LEVEn，对这个构想的忠诚度，也绝对不是偶然。

<初期的网上超市全都失败了>

虽然亚马逊的网上订单都是自家配送，它也理所当然地要重视物流管理，但应该有人会很疑惑，认为对于在网上接受全国订单的无实体店铺经营的亚马逊来说，跟商圈应该没有关系吧。确实，商圈跟亚马逊是没有关系的。不过网络销售，特别是现有的流通业、连锁业，在进军网络销售的时候，就成为了一个重要的战略课题。

事实上网络创业兴盛的时候，美国开创了亚马逊，也出现了很多的网络销售。然而，这些撑起网络销售的蓬勃发展期的企业中，大多数都已经不存在了。

虽然可以说是被亚马逊击败了，但不如说大多数企业主要都只集中在了网上接单的方法上，而忽视了接受订单之后要面对的困难，这是它们失败的原因。

就像前面指出的那样，亚马逊自身在初期，也有过因为书籍库存的空间意外的大、书籍的手续繁杂等困扰。

有一个象征性的插曲。当初在美国有几个网上超市的创业事例。当然，全都失败了。网上超市对顾客来说相当便利，不用出门坐着就可以买超市里的东西了。那么，为什么全都失败了呢？

那是因为，下单的方法是轻松了，但对于接受订单的一方来说绝对一点都不轻松。接受订单之后，必须让负责的相关人员，在广阔的仓库的库存里面选出对应的商品。

配送的时间是有规定的，所以必须赶上这个时间。仓库库存商品中的大多数，不仅是超市的商品，还有很多是有鲜度要求或保质期的。

今天如果没有订单，剩下库存中的很大一部分就不得不废弃了。网上超市，跟大多数网络销售一样，想法是好的，想出来之后要去实现才是辛苦历程的开始。创业者们都深刻地体会到了自助服务的真正困难。

<为什么网上超市失败了?>

是因为超市的话，这些烦琐操作中的大部分，都是让顾客自己完成的，超市是自助的。所谓自助，就是让顾客自己在卖场中挑选出商品，这当然是无偿的！

但是顾客并不是不情愿地在挑选，不如说可以选择自己想买的东西，所以很乐意、很开心地在做这份无偿的挑选工作。

没有必要像网上超市那样配送时间很着急。顾客可以在想买东西的时候来，想回去的时候回去。买的东西，即使不配送，也可以自己走路，或者用自行车、汽车（当然是自费的）拿回去。而且顾客完全没有意识到自己在无偿地做这些事。

从商业的视角去看的时候，店铺的销售、自助的销售到底多么优秀，能从心里深刻地体会到的其实是网上超市的创业者们。

还有，假如在超市买了东西，即使拿回家发现买错了，顾客也不会投诉，因为选择了这个商品的不是别人正是他自己，所以只能怪自己。

网上的情况就不一样，选出商品的是网络销售方。而且，大多数时候这样的单纯操作都是交给打工者的，会弄错也很正常。但是，一旦弄错了，必须把商品拿回来，再重新配送正确的商品。手续就要花两倍。

而且店铺的话，通过观察顾客的购物情况可以预测第二天的库存，网络的订单却像黑暗中飞过来的枪弹一样，什么时候、有多少订单，很难预测。商品库存的管理也很辛苦。

最终，网上超市都失败了。取而代之在网络销售中取得成功的，是拥有连锁店运营秘诀的沃尔玛以及连锁超市。

<正是因为在网上才能存活的大小商圈的思维>

为什么沃尔玛、连锁超市在网络上成功了呢？是因为完成了物流管理和大、小商圈的构想。

沃尔玛，并不是因为营业额巨大、店铺规模巨大、店面数量多才完成的这个构想。沃尔玛以及美国大多数的连锁超市，跟日本的 7-ELEVEn 一样，都忠实于这个大、小商圈的构想。

7-ELEVEn 提出了全渠道销售的构想，即使结果是个未知数，也不是没有必然性，不是单扑到一个新事物上。

所谓 7-ELEVEn 忠实于大、小商圈的构想，是指①相比之下店铺很小，②每单位店铺面积的商品数量比任何一种业态都多，③其中大多数都是便当、饭团、面包等对鲜度要求很高的产品，④在这之上商品备货种类必须根据时间段不同随时调整等几种情况。

这样看来它制胜的关键，第一是根据每个店铺的商品管理做出确切的预测、订货，也就是"个性化经营"系统，第二是与之相对应的物流管理。

于是要有效果且有效率地实行这一物流管理不可或缺的条件，正是确定大商圈，然后在其中就像拼图游戏一样一片一片、一口气埋进去一样地设定小商圈，也就是店铺配置以及考量开店时的做法。

这个意义上，可以说比起以沃尔玛开始的美国连锁，日本的 7-ELEVEn 更加彻底地忠实于大商圈、小商圈这一构想。

可以与之匹敌的是，仅在美国佛罗里达州和佐治亚州这 2 个州，集中开店就超过 1000 家的美国 Publix 超市这样的公司，暂时还没有其他的例子。

但是，在日本最先对网络出手的是将超市包含在内的大型超市。那么，这又是怎么样的呢？

<梅西百货的网络是目录销售的延伸>

以亚马逊划时代的成功以及在美国连锁网络的加入为契机，日本的流通业对网络的兴趣更大了。因此，就像 262 页的图表中显示的一样，很多流通业都进军了网络。

其中第一种，就是只有店铺，或者只有网络的单渠道销售企业。

第二种，是店铺和网络并用的，双渠道销售企业。大多数的双渠道销售企业像宜家、无印良品等，网络基本上是作为另一种销售手段在使用。

与此相对的大商场的网络，不一定是作为另一种销售手段，而是考虑网络和店铺相乘的几何效应，想作为一种全新的商业手段，这一意图十分明显。

杂志《邮购生活》（采用杂志体裁的目录）、倍美丛（BELLE MAISON）、L. L. Bean、7&I 集团的日线（NISSEN）、Dinos、赛诗丽（Cecile）等，以目录为销售主体的企业，也想当然地进军了网络，也是双渠道销售的事例。

第三种，就是瞄准全渠道销售的 7&I 集团。但是目前为止仅是刚刚就绪，还看不到它的全貌。7-ELEVEn 在全国范围内以前所未有的密度布满了大商圈、小商圈，拥有自己做商品供应计划的强力商店品牌群，制作了极其细致的物流管理网络企业，人们对它寄予了前所未有的厚望。

还有一个例子就是美国的百货店——梅西百货。梅西百货原本是在圣诞节这样重要集会的时候，给平时不来店里的远方的客人送目录，做邮购销售。

分析它的客户数据，给每个客户发送促销邮件，成为很难运作网络的美国流通业的突破口。这就是与亚马逊单人客户对应的百货店版本。

梅西百货，在店里卖的不管什么商品，不仅在店铺，在邮件、在网络上也可以买到，简直就是完成了全渠道销售的开拓。但是，梅西百货仅限于百货店的商品。

<网络开拓出来的古董市场>

与 7-ELEVEn 相比，在这里需要引起关注的是，网络销售

图表⑧ 流通渠道的单渠道、双渠道、合并渠道、全渠道的比较

分类	手段	实例	商品备货种类	商品供应计划	尾
单渠道	仅店铺	大多数连锁	产品组合	其他公司和自己公司	以短为中心
	仅网络	亚马逊	单品	其他公司	也有长的
双渠道	店铺+网络	大商场百货店	业态	其他公司	短
		宜家无印良品东急手创优衣库时尚专卖店	产品组合	主要是自己公司	短
		老字号	单品	自己公司	长
	网络+目录等	杂志《邮购生活》Dinos其他	产品组合或者单品	自己公司和其他公司	有长有短
合并渠道	店铺×网络	本书中提案的超市	产品组合	以自己公司为中心	有长有短
全渠道	店铺×网络	7&l	产品组合	以自己公司为中心	有长有短

※因为7&l的"全渠道销售"构想暂时还不明确，这里只是一个假设。

262

的大多数，并不像 7-ELEVEn 那样限定于小商圈，而是以大商圈为对象。

前面举出的梅西百货的例子，就是个典型。作为网络销售成功范例的亚马逊，以全国为对象，这也跟前面叙述的一样。

亚马逊的特征，用一句话说就是灵活运用"无限"。亚马逊从地理上来说是以全国为对象的，也以世界各国这一"无限"为对象。从商圈的视角来看的话，也就是超大商圈型的网络商业。

亚马逊，以稀缺本为代表的多数书籍，都是在书店已经买不到但可以在亚马逊买到的二手书籍，这也是一个典型事例。并不是说稀缺本的买手，用古书通信的手段在全国找不到市场。而是数量不多的古书，真的很难买到。

当然，在选择特定地域作为商圈的商业中，古书无法作为对象。反而不是稀缺本的古书，如果不把全国作为对象，就无法进行商业活动。确切地说，亚马逊利用网络，将之前古书店没能完全抓住的古书市场，在古书店的协助下，一气呵成地创造并开拓出来了。

古书不过是其中的一个例子。现在通过网络购买古董的顾客正在急速增加。确实比去古董店里搜索效率要高得多。

从珍品照片到珍品动画，这些无疑是通过网络这一手段开拓，全新创造出来的需求。现在还有自己走去古董店买古董的顾客吗？珍品照片到动画，确实是目前为止只有喜好者会出手的隐蔽市场。如果没有网络，这个大商圈的市场会一直隐蔽起来，从而走向终结吧。

<对于目标是大商圈的店铺来说网络有希望吗？>

在这里让我们从网络中走出来，从目标是大商圈的流通业这个角度考虑一下。看一下它们的特征，其一是高额商品，比如家具、家电、宝石、贵重金属等业务。其二是在这之中以品牌魅力做销售的业务，有名的高额品牌就是其中的代表。其三是大型综合店、百货店以及购物中心等。

大商圈店的问题之一，就是与 7-ELEVEn 相比，去店里并不方便。不正是因为如此网络才出场了吗？事实上在网络上购买高额知名品牌的商品，也不再是罕见的事了。如果是蒂芙尼、路易威登等直营网店，肯定不会买到假货。即使不去店铺里看商品，也可以很放心地去购买。

大商圈店的问题之二，就是已经置身于折扣的陷阱里了。一个典型就是，知名高额品牌的二手商品（也包括没有使用过的新品）折扣店。

这正是大商圈商品的折扣很有效果的一个事例。可以从更广阔的范围吸引顾客。还有唐吉诃德、家电折扣店，以及后面会介绍到的在日本也有的 Costco 等例子。

通过网络可以坐在家里不用出门、对比价格，所以在某种意义上更加有利。网络非常灵活地运用了这一点，将全国的家电店的每种商品当下的价格都收集在一起，建立了一个可以比较价格的网站（www.kakaku.com）。在这里对比价格后，我们经常会发现，最便宜的还是亚马逊。

大商圈店的问题之三，瞄准的目标是受限的。要把大商圈中所有居民都作为目标群体，这是不可能的，不如说是限定的目标群体更好。事实也是如此。

对高额商品、知名品牌来说，与其说要看收入层，倒不如说要看购买动机来决定目标群体。

但是，这也显示了网络更有利这一点。古董和稀缺本的话，只有有限的目标群体顾客会购买。那么，既不像 Costco 那样庞大也不像 7-ELEVEn 那样空间狭小的大商场的网络是怎么样的呢？接下来我们一起来思考一下。

2 | 以店铺为基础的网络销售，为什么无法培养顾客？

<超出了店铺商圈的网络销售，没有问题吗?>

大商场，具体说即永旺和伊藤洋华堂对网络销售的尝试，也就是连锁的最初尝试。如此当机立断地去挑战新事物，也可以说是壮志宏图。

不仅如此，这些大商场的网络销售，吸取了前面指出的美国网上超市的失败经验。他们也不是做像亚马逊那样的无店铺网络，而是将店铺定位成网络不可或缺的重要因素。

在这一点上，必须将它们和与店铺分离开来做网络的无印良品、东急手创、优衣库等，也就是双渠道销售型的网络销售区别开来。

跟大商场的网络很相像的一个例子就是，"生协"（生活协同组合，也叫消费合作社）的送货上门。"生协"在店铺的大商圈、小商圈之外运行的这一点，跟大商场的情况有所不同。

大多数情况下，"生协"的送货上门是给附近没有"生协"超市的区域提供送货上门服务。而大商场的网络，是把店铺作为不可或缺的网络销售的基础。

但是，这里有几个问题。"生协"的送货上门必须关注的是，面向没有店铺的区域，即超出商圈地域的送货上门。换句话说，先不管它的意图，至少从结果看，无疑是侵占了其他超市的店铺商圈。

当然并不是说侵占就是不好的，而应该表扬它这种积极的态度。我们先暂且不论是从结果看，还是从意图看，关注大商场的网络销售是因为，它也是超出了店铺的商圈，侵占了其他公司的店铺。

不过侵占还是不错的，问题是网络的商圈并没有和店铺的商圈重合，而是超越了店铺商圈的范围，并进行了扩张。

<以店铺为基础的网络销售的有利性，才是个大问题>

以大商场的店铺为基础的网络销售中，最重要的问题是，店铺和网络是同等的主体，还是店铺是主体、网络是补充，这样一个网络定位问题。

像亚马逊这样没有店铺的网络，除限定场合外，都不是很顺利。特别是像流通业或者连锁运作的那样，每日更新的商品，其种类之繁多、管理之繁杂、配送次数之多等，在物流管理方面存在瓶颈。

所以每日更新的商品，像沃尔玛、连锁超市这样以店铺为基础的网络销售逐渐成为主流。大商场的网络起步，也可以说是效仿了这一点。

特别是有很多连锁店铺，以店铺作为物流管理的基础开展网络，可以看到它的有利之处。但问题也正出在这里。从现状看，似乎成为了以店铺为主、网络为辅的定位。这个定位就产生了关于网络的几个问题。

问题之一就是，在网络上，可以选择的商品种类、商品数量，跟在店铺里购物相比更加受限。当然比如在网络上能看到每家超市的商品的话，选择上要花的功夫也更多。

对顾客来说，比如"调味料""酱油"这样的，选择的范畴和种类预先确定好后，再到网络上去选择，即使在店里无法看到全部，假设酱油有 50 种，也不会因为选择而花费功夫。这样更能选到自己想买的东西。

问题之二是，商品脱销。目前店铺里的商品脱销，是由于原本商品数量就不够，仅准备了前 100 人的商品；或者突发状况突然售罄；或者在库存管理的时候出现了重大失误等。仅限于很罕见的情况。

不过如果在网络上下单买了 15 种商品，大概有一两种商品没货了，就会有推荐的替换商品。在店铺里买东西，首先就没有脱销这种情况，那么为什么只在网络上有脱销问题出现呢？

<网络销售带来的不便>

问题之三是，商品库存管理的困难。不管是商品脱销的出现，还是商品范围、商品种类、商品数量的限制，其实跟店铺比起来，网络在预测方面要难得多。店铺都有着某种模式，月末、周末、时间段、气候的突然变化、节日、庆典等几个重要因素，什么样的商品可以卖多少，都可以事先预测。

不过网络就难了。有时候会有顾客突然下单，买每瓶 2L、一箱 6 瓶的瓶装水一下子买 5 箱，如果做冷冻食品促销，就会有顾客一口气购买 30 个。在店铺里买东西要考虑拿回家，可送货上门的网络就完全不用考虑这个问题了。其实还有其他方面的原因。

问题之四是，自有品牌的销售很兴旺，这是因为选项受限。虽然因为情况不同而各有各的原因，但比如说袋装红茶，如果是自有品牌可以集齐所有品种，但国际品牌却只有两种可以选。也就是说自有品牌弥补了选项受限的不足。

问题之五是，商品数量限制、商品脱销、自有品牌的销售等，其中最多见的是有鲜度要求的商品。因为是有新鲜度要求的商品，商品剩余会很苦恼。

商品脱销、选项的制约、自有品牌的销售等问题，店铺里也会有。不过店铺对于顾客来说还有一个选项，那就是，如果在这家店买不到，去别家店也可以买到。

网络的问题，在于顾客就像美式经营提出的被俘获的顾客（captured customer）的说法，顾客已经被俘获了。特别是日常购物，目前并没有那么多可以购物的网站。如果不喜欢目前使用的网站，换个别的网站就好了，但其实不是这样的，顾客不得不忍耐着。

上面举出的红茶的例子也是，顾客并不是讨厌国际品牌。而只是因为自有品牌中没有想要买的种类，自有品牌一般会有品种的局限性。

<网络，创造了"被俘获的顾客">

问题之六是，网络常常会倾向于市场营销中说的"顾客层次""顾客种类"。行走困难的老人、独居的老人、抱着哺乳期的婴儿干活的主妇、单亲家庭的孩子等这一类人大概会用网络吧……会陷入这样的臆想中。

这一类顾客会利用网络，这一点毋庸置疑。但是，网络不能仅被这一类顾客利用。如果以"顾客层次"来考虑，就会有面向顾客层次的商品备货，那么就会变得越来越只有这个层次的顾客，从而陷入恶性循环。

比如上面列举的顾客层次之所以会利用网络，是因为他们由于各种各样的原因很难去店里买东西，所以在很大程度上依赖网络，那么他们就成了被俘获的顾客，也就是 captured customer 的状态。

有这样原因的顾客层，一旦开始利用网络就不得不以此为前提组织生活。如果依赖网上购物，就只能满足于商品种类、商品群体，而不能拘泥于商品的品种。

因为只要有红茶就好，如果没有 TWINNINGS 的 BLENDERS CHOICE，也不会因此放弃网络，只能忍耐。而网络又把忍耐的顾客当作前提来进行商品备货，所以陷入当前的商品可以满足顾客需求的错觉。企业就变得不能自己察觉到上面所列举的问题，这是因为被网络俘获的顾客即便如此也不会停止网购。

问题之七是，网络以侵占其他公司、其他店铺的商圈为销售手段。对于住在店铺商圈以外的顾客来说，去那家店铺买东西太辛苦了，平时就在附近的店里买东西。但是因遇到大雨天或者全家一起外出等诸如此类的情况而无法出去买东西的时候，才会使用网络。在这里，也出现了被俘获了的顾客。

这对于其他公司、其他店铺来说，就像是从天而降的炸弹一样。问题在于，网络是将此作为增加店铺营业额的附加增长策略来考虑的。那么，为什么这些会成为"问题"呢？

<店铺无意识地将网络当作店铺的补充>

先不说是意愿还是结果，产生这些"问题"的真正原因是，我们的网络成了店铺的补充，企业自己无意识地将这一点告诉了顾客。即使连锁一方无意识地认为网络是补充，顾客同样也会认为网络是补充。

顾客之所以一开始就毫不犹豫地将网络作为店铺购物的代替者，并不是因为网络销售是一种新的销售方式、购买方式。需求，是企业和商品创造的。即使是无意识也好，因为告诉顾客网络是店铺的补充，所以顾客也认为网络是补充的了。

在亚马逊买书的顾客，其实并没有把亚马逊当作书店的补充。反而会认为，商品备货很差的书店，是亚马逊的补充。

当然这并不是说主办的企业，对网络没有热情和诚意，而是实际业务上的恶性循环。可以选择的范围、商品种类、商品数量都有限制；有脱销的情况；自有品牌很多；因此网络仅作为临时需要的时候使用。

这样看来经营网络者，也不得不限制商品种类、商品数量，顾客也变成临时用一下网络，无意识间就发生了恶性循环。

因为跟店铺比起来，网络不管在商品库存管理，还是在商品脱销方面都比较困难，店铺更占据优势地位。店铺的顾客特地过来，对于这样的顾客不能出现脱销的情况，如果说是选择店铺还是网络，只能选择店铺。就这样店铺无意识间想说的真心话，顾客也无意识间感受到了。

因为顾客就只是临时用一下网络，所以目前买过的东西中，像瓶装水、厕所用纸等体积大、分量重的商品，就会选择在可以送货上门的网络上下单了。这些商品，首先没有挑选的乐趣，拿回家也要花费很大力气，因为太重去店铺里就无法买其他想买的东西了。从结果看，这应该是网络成为店铺购物替代者的佐证吧。

<为什么在网络中，无法培育顾客呢?>

商品库存管理变得困难的原因，并不是网络内在的本质问题。而是店铺为主、网络为辅这样一个企业运营方式所导致的、顾客使用网络的问题。

从结果看，网络侵占了自家店铺商圈外的其他公司、其他店铺的原因也在于此。对于住在商圈外的人们来说，主要的购物地点，是网络部分侵占的其他公司、其他店铺。即使在商圈外，网络也成了其他公司、其他店铺的补充。

而且如果是补充，特别是在提高营业额这一点上，无论是对商圈以外的侵占，还是补充性的购物，只要有顾客下单了，无论什么样的订单都想去回应。

网络作为补充的定位，不管是对于作为主办方来说，还是对于作为基础的店铺来说，就这样不知不觉间无意识地渗透进去了。这里不是"销售"，而是"促销"，因为考虑到"销售"是根据商品备货、商品本身进行的，而促销不是。

　　这样考虑的时候，网络所完成的这个任务，不就是将商品备货以及商品，以网络这一崭新的手段进行的扩大销售吗？那么不得不说，网络并不是一种新的"销售手段"，而是一种新的"促销手段"。

　　被定位成补充的网络销售中，像 7-ELEVEn 所做的那样，否定"顾客层次、顾客种类"等市场营销分类，不管是谁将全部居民都作为目标客户，这种思维都无法采用。

　　这就是网络销售常常陷入将抱着哺乳期婴儿干活的主妇、独居的老人作为"顾客种类"的原因。

　　亚马逊的推荐、发售商品的预告等，都可以看作在努力"促销"。不过这实际上是让客户一直持续成为亚马逊的顾客所进行的"客户维护"。不可思议的是亚马逊的经营态度，它并没有作为主体的店铺，主体只有网络，所以只能在这里努力开发客户。

　　这样看来正确的网络销售的启发，似乎在其他地方还会有。

3 提出全新的、流通业的网络销售创意

<商圈固有的长尾战略>

如果要理解网络，必须重新将商品分成长尾（long tail）和短身（short body）来考虑。但短身是本书中新造的词。

正如下页图表中显示的那样，首先长尾，即像稀缺本、古董、珍品等那种瞄准全国市场的大商圈商品。不仅是大商圈，每个商圈固有的、仅属于该商圈的需求，也是另一种形式的长尾。

例如，在金泽有一个小吃叫作"泥鳅烤串"。烤鳗鱼哪里都有，烤泥鳅却很稀奇。养殖的泥鳅的骨头会很粗，所以天然的、庄稼地里的泥鳅才最好。说到数量少这一点，那就是长尾了。泥鳅曾经是金泽非常普通的食物。

但现在泥鳅不再是金泽的普通食物了，但也不是大商圈的商品。虽然仍有需求，但如今没有那么广为人知了，已经成为每个商圈固有的长尾商品。

或者说用某个地区特有的调味料、食材、腌制方法制成的，如今即使在当地年轻一代也没有什么特殊记忆的腌制品。当然

图表⑨ 短身和长尾的比较

分类	短身（short body）	长尾（long tail）
商品的本质	· 维持日常生活，对全体来说可以大量销售的商品 · 为了实现产品组合主题的主力商品 · 在每个大商圈、小商圈的单体店铺中销售的商品	①网络销售创造出的"购买困难"的商品、珍品、稀缺本、非日常商品 ②生活必需品 ③为了渗透到商圈、对应固有商圈的商品。虽然现在是长尾但也有变短身商品的可能性
最适合对应的企业形态	个性化经营连锁	①网络 ②统一的店铺连锁 ③个性化连锁经营
商品备货品种	产品组合	①无限（亚马逊） ②业态 ③更进一步的单体对应
商品供应计划	自己公司做的商品供应计划，即商店品牌	①其他公司做的商品供应计划 ②自有品牌 ③有自己公司的，也有其他公司的
和组织的关系	· 必须有组织 · 不可能没有单个店铺组织 · 所谓短身，汇总在一起的话量很大，实际上是根据很细致的商品种类、商品数量构成的	①不需要组织 ②不需要组织 ③必须有更深层次的对个性化经营的追求

※ "长尾（long tail）"一栏中的①~③，各自都相互对应。

276

无论是当地的超市，还是连锁店铺中都没有卖的。

因为即使那个区域里的店铺也不能确定，网络上是否可以卖出与在店里销售相同的量。但网络即使数量很少也可以操作。所谓长尾，是像稀缺本那样，即使数量很少，在全国范围内收集的话也可能达到一定数量，这是目前为止网络销售的常识。

但在这里，无论以全国为对象销售还是以店铺为对象销售都没什么可期待的，而不需要店铺库存的网络却可以成为第二个"长尾"，这是因为正是通过网络，可以挖掘出比店铺更加深层的商圈。

<生活必需品这样的长尾商品，才是应该在网络上销售的商品>

大多数人，忽视了还有一个瞄准大商圈的长尾商品，那就是生活必需品（大众实用品）。

生活必需品曾经是短身商品，是可以大量销售的商品，但现在完全变成了少数派。比如说，饮用水的大容量瓶装、纸类、煤油，即在前面作为代表在商圈外的在网络上购买的商品群给予提示的商品，正是其中的代表。

生活必需品，实际上没有必要放在店铺里卖。即使看了、触碰了、感受了，也毫无趣味。因为必须用才不得不买，这就是生活必需品。

生活必需品曾经是连锁的主力商品，现在变成了长尾商品、销售量有限的商品。这个从店铺的陈列中就可以立刻看出来，生活必需品，大概只在角落里，放着很少一部分。

尽管如此，现在还一直在店铺里销售，这是为什么呢？

不就是因为之前一直都没有网络这一手段吗？随着网络越来越普及，回顾过去，曾经的连锁理论，主张销售生活必需品才是连锁的使命，现在即使是在统一的连锁店铺中也不是必备商品了。它已经成为交给网络就好的商品了。

同时这个长尾商品，其实即使在大商圈商品中也不能忽视。同样的东西在任何一家店里都有销售。面积很大的店，如果大甩卖的话，顾客从很远的地方也会过来，可以批发，以批发价销售，这很受顾客欢迎。

Costco 就实行了这个战略，它在日本和美国都有店铺。假使网络没有成为在全国范围内普及的购物手段，只要增加 Costco，对于大多数连锁店来说，生活必需品也会是只有少量就可以。

现在仍然有店铺在销售生活必需品，但也只是因为不管是网络还是 Costco 都没有普及开来而已。

<不用去店铺也可以购物才是网络销售的使命>

所谓短身（short body），用一句话说就是有商圈、顾客数量、销售量的限定，即使在拥有这样特征的店里销售，也足以保证利润的商品群。

大多数店铺流通业销售的商品，在这层意义上都可以说是短身。换一种说法的话，它是指除了以稀缺本、生活必需品为代表的长尾商品，以及除了像金泽的"泥鳅烤串"这样特定区域特有的长尾商品之外的其他所有商品。

那么，它就和网络没有关系了吗？不仅在店铺，在网络上也销售，这就是前面叙述过的大商场的网络销售策略。但是就像前面指出的那样，短身商品群的网络销售，跟店铺的销售比起来有几个问题。那么这几个问题不能解决吗？

目前为止，我还不知道有成功地解决了这些问题的事例。以下的叙述，也只是我个人的提议。提议之一就是，不要将店铺当作主体，网络只是补充，而是将店铺和网络都作为主体。

之所以在以网络为标题的本章中，提出这个问题，是因为这不是店铺的问题，明显是网络的问题。像亚马逊这种以全国为对象的网络销售，可以进行长尾销售。利用邮购、目录销售的网络，就是长尾销售的应用版。

大多数连锁店，比如优衣库、东急手创、无印良品、宜家以及生协的送货上门，它们利用网络是在商圈外，创造需求或者获得顾客。

这并不是将店铺和网络都作为主体，而是把店铺和网络当成不同的东西来对待。把这个称作"双渠道销售"的真正用意也在于此。

在这里提议的所谓把店铺和网络都作为主体,是指以同一个商圈里面的居民为对象,店铺和网络都运行的方式。从结论来说,就是即使不去店铺,也能用和在店铺购物一样的网络进行购物。

<超出商圈,就会侵占自己公司其他店铺的商圈>

前面看过的大商场的网络销售,它的目的壮志宏图、挑战果敢,但是否实现了目的呢?这个我们先不讨论。只看变店铺为主、网络为辅,或者说网络是店铺的补充的状态。

在这里我提议把店铺和网络都作为主体进行销售。作为典型,我们来考虑一下超市的情况。把店铺和网络都作为同等资格的主体,具体是指网络的配送就停留在店铺的商圈里,不超出店铺的商圈。

前面举了先确定大商圈,再在其中像拼图游戏那样用小商圈将其填满的连锁店的例子。美国 Publix 超市公司,以及日本的 7-ELEVEn,就是在做这样的事情。

这样的话至少在理论上,大家应该可以理解我这个提案的意义了。为什么这么说呢?所谓的网络配送超出了店铺的商圈范围，比如大商场是对其他公司、其他店铺商圈的侵占，而生协也同样是对其他公司、其他店铺商圈的侵占。

但是，以美国 Publix 超市公司和 7-ELEVEn 的例子来考虑的话，网络的配送网超出了店铺商圈，也就会侵占自己公司、其他店铺的商圈。7-ELEVEn 很明白这一点，7-ELEVEn 现在有"推销员"或者"预约自取预留"的服务，即在一定的时间之前预约的话，可以配送上门，或者可以预留好，顾客自己去店铺取。

问题不在于它服务的内容。而在于它的服务所涉及的范围。这个服务，只不过是以 7-ELEVEn 的每个店铺商圈为基础的，不然的话以商圈互相衔接来开店的 7-ELEVEn，别说是侵占了，甚至会变成 7-ELEVEn 彼此商圈间的争夺。

然而目前都没有人考虑过这样的提议，因为不知道这种做法是否合算。

<不超出我们店的商圈，网络可以解决一切问题>

在考虑是否合算之前，要先考虑这个提议要解决什么问题。从理论的角度考虑是小商圈可以填满大商圈，否则网络就没有意义了。

那么这个提案中的网络，要解决什么问题呢？在大商场的网络销售中引发的问题，①能够选择的范围、商品群、商品种类数量受限；②出现商品脱销；③商品库存管理困难；④自有品牌替代，或者说是自有品牌销量大；⑤特别是对鲜度要求高的商品增多、选择受限；⑥很有可能变成根据商品供应计划瞄准特定的顾客层次、顾客种类；⑦网络变成了侵占其他公司、其他店铺商圈的促销手段，需要一口气解决以上这些问题。为什么呢？因为这些问题都是由店铺为主、网络为辅而衍生出来的。

如果店铺和网络的商品备货一样，就没有选项限制了，也没有商品脱销了，为什么呢？因为同一个商圈的销售额和销售量让店铺、网络分担掉了。也没有商品库存管理的问题了。自有品牌和商场品牌就不是替代关系了，而变成了跟在店铺中实现的功能一样的商品。

有鲜度要求的商品也跟在店铺的操作一样。因此没有必要根据商品供应计划瞄准特殊顾客层次了。跟店铺一样的顾客，也就是在商圈中居住的全部居民，为了让他们都成为顾客而努力，只是这个任务由店铺和网络共同分担而已。

在我们公司的店铺商圈中，其他公司、其他店铺过来开店的可能性非常大。网络跟店铺一样，跟其他公司、其他店铺之间当然也有竞争。不过到时候，跟没有网络的其他公司、其他店铺相比，我们公司不仅有店铺还有网络，这一点就成为强有力的竞争力。

<网络和店铺瞄准同一个商圈，不会两败俱伤吗?>

所以当然会担心，努力把同一个商圈的居民都变成顾客，把同一个商圈的销售额、销售量和店铺分担，这不就是店铺的客流量、营业额和网络对半分了吗? 这样店铺和网络不会同时都是主体，会两败俱伤吧? 不就是得不偿失了吗?

会有人认为，把好不容易顺利运行起来的店铺，因要做网络而赶入亏损的境地，这没有任何意义。那为什么说不会陷入亏损境地呢?

其一，现在没有竞争对手的店铺商圈，基本上已经没有了。那么店铺和网络的共同作战，绝对不是将业绩对半分，而是将竞争对手店铺的客流量、营业额一点不留地都抢过来。

只要考虑居住在竞争对手店铺附近的居民就好了。他或者她，不管我们公司的店铺比其他店铺有多好，顾客应该也是会去其他店铺的。任何经营类的书里面，都没有写怎么让他/她成为我们公司顾客的方法。而网络就可以做到。为什么呢? 因为能将顾客在店铺里可以买到的商品挑选出来，配送到顾客的家里去。

换句话说，所谓的店铺和网络共同作战，是对商圈的地毯式轰炸，也就是歼灭，可以把商圈的可能性全都翻出来。

客流量、营业额会减半之类的想法只不过是杞人忧天。店铺和网络的共同作战会带来减半，这一想法本身就是无意识的，承认竞争对手店铺的客流量、销售额依旧维持原样，所以我们公司的客流量、销售额不会增加，都是基于这个前提才产生的担心。

店铺和网络共同作战的目的是，将竞争对手店铺的客流量、销售额赶入亏损境地。这样想想看的话，无论多么强大的店铺都无法参与竞争。即使是7-ELEVEn，也不得不容忍马路对面开了罗森、全家这样的便利店。

<在商圈内，彻底地创造需求>

其二，说店铺和网络共同作战的目的是不允许竞争对手的店铺存在，可是话音刚落，就发现问题并不在于竞争对手的店铺，而是目光所及的商圈中的居民。

竞争对手的店铺，只是在尝试对商圈居民的生活进行渗透，其结果是失败了。这个共同作战提议的本质目的是将每个商圈居民的需求，彻底挖掘出来。

"向外挖掘、向内深究""耕耘"这样的用词实际上并不是很贴切。为什么呢？因为需求是要创造的。7-ELEVEn 的"黄金小面包"，并不是挖掘出来的，而是因为创造了需求。我们来具体说一下吧。

前面举了"泥鳅烤串"的例子。假设让它在金泽市的某个区域复活，成为商品，想吃的顾客突然增加了。但是在东京荒川区同样这么做的话，顾客未必会增加。

这是因为在每个商圈，不仅是短身商品，连长尾商品也要尽力创造商圈的需求。不管是小面包还是蔬菜、沙拉，开发新商品种类的余地要多少有多少。

举"泥鳅烤串"的例子，是因为它是可以让"迄今为止不存在的商品"更容易理解。不管是小面包还是蔬菜，虽然迄今为止作为商品群可能存在过，但"黄金小面包"是"迄今为止不存在的商品"，这就可以开拓出无限的可能。同样的理论，在像沙拉、熟食、面包蛋糕之类的商品范围、商品群也可以说得通。

包括汉堡包、烤牛肉，以及方便面、冷冻食品等，也都是迄今为止不存在的商品。因此能够创造出需求。将这个在以商圈为单位中实行，就是共同作战的目的。

但是为什么目前为止没有做到呢？或者说想做到却这么困难呢？因为只有店铺，这是最大的理由了。店铺，受物理距离的制约，基本上无法销售长尾商品。

<长尾商品可以发展成为短身商品>

网络，可以做到店铺做不到的事情。在这里我想重新唤起前面指出的"合算"的问题。为什么呢？因为即使是在店铺里不合算的长尾商品，如果放在将公司的5家店铺绑成一体的网络上，也是很划算的。

在一家店想要做到全部办不到，这样的情况有很多。当然在网络上，不是以一家店为单位运作的。比如说以5家店铺为单位可以做一个网络仓库（前线基地），这个仓库运作着5家店铺份额的网络订单。配送这件事本身，不超出商圈的话，横跨几家店也可以。

即使是对网络销售来说成为最大问题的配送成本、物流管理成本，也可以看到解决的可能性了。有鲜度要求的商品，比如在网上下单买了饭团寿司，送外卖也是可能的。

这个7-Meal已经将7-ELEVEn的网络利用起来了。接受订单以店铺为单位，下单后的处理由仓库来操作。这样的话长尾商品也可以操作了。

以每个店铺为基础试图运作全部，其实在大商场的网络销售中也出现了很多问题。如果是几家店，长尾商品可以操作，可以创造出的候补需求有无数种。这正是说共同作战的对象不是竞争对手店铺，而是商圈的全部居民的理由。

尤其起初是长尾商品的需求，后发展成短身商品的需求，是可以期待的。成功了的新产品，都是从刚开始"不存在的商品"起步的。

在这里说的短身，并不是以全国人民为对象的。而是在我们公司的商圈里居住的每个店铺周边的所有居民。想在全国销售新产品，的确很不容易。

但是这个提议主张的并不是新产品，而是将大家都很熟悉的面包、饭团以及关东煮稍作变通，创造出新的需求，销售对象还是熟悉的居民们。

<网络销售中不需要组织，这个常识是错误的>

最后我们来探讨一下店铺和网络的共同作战中不可或缺的，作为其后援支持的组织的问题。那就是，店铺销售的话必须要有组织，特别是"个性化经营"就更加需要了，但是有一种常识认为，网络销售中并不需要什么特别的组织。

确实，在网上接受了其他公司产品的订单，向制造商、销售商下单、收货、选择、发货准备、配送上门等都由其他专业人员操作，考虑到这样的网络销售的基本构造，感觉好像不需要组织。

前面区分了网络或店铺只做一个的单渠道销售，以及两个都做的双渠道销售的理由，也在于此。

单渠道的情况下问题都很简单明了。店铺是需要组织的，只有网络不需要店铺那样的组织。

虽说除了店铺外，还有做网络双渠道销售的情况。店铺需要组织，网络不需要组织的情况只适用于单渠道销售情况。没把它称为"双渠道（double）""合并（combined）"，是因为只是在店铺上追加了网络而已。

至少大商场的试行和本书的提议，都不是双渠道，而是合并，也就是店铺和网络复合的意思。那么不仅是店铺，在网络销售中组织也变得很有必要。

何况本书提案的是和在店铺一样购物的网络，当然要跟店铺一样"个性化经营"，即必须是合并渠道，这一点至少在店铺销售中实行"个性化经营"的连锁当事者们应该会想到。

本章的开头举了亚马逊的成功事例，这无疑也是一个优秀的成功事例，但不能作为参考，这么断言的理由之一就在这里。当然亚马逊选择对自身来说最适合的道路就好了，我并不是要否定这一点。

就像不应该否定无人工厂、无人店铺一样，也不应该否定不需要组织的网络销售，最终决定 YES 或 NO 的，应该是顾客。

<因为是中央集权型组织，网络就变成了补充>

那么这个组织到底是什么样的呢？一旦把网络销售也放在必须有组织的前提下考虑，跟店铺经营一样，可以假设有两种

288

理想的组织状态。

　　一种是主张连锁理论以本部为中心的中央集权组织。另一种是 7-ELEVEn 创始的个性化经营组织。那么就可以明白，大商场实行的以店铺为基础的网络销售所依据的组织，是以本部为中心的中央集权组织。

　　为什么大商场的以店铺为基础的网络销售中，会出现之前指出的那几个问题呢？为什么网络变成店铺的补充了呢？其中的理由就在这里。

　　比如说选项不得不被限制，不得不优先自有品牌，网络变成了店铺的补充，结果网络变成了店铺促销手段的一种，这都是因为它是以本部为中心的中央集权组织。

　　就像第 5 章中指出的那样，如果要对这个组织论的终极理想从理论上刨根究底，那就是无人店铺。所谓无人店铺就是不需要组织的店铺。连店铺都不需要组织了，这才是真正的理想状态。因为网络本身就不需要组织，所以大多数企业毫无障碍地引入了网络。把渠道变成双渠道，就更容易了。

　　反过来，以个性化经营为前提，将店铺和网络合并成复合组织运营，我们才会发现，为什么现有网络销售不需要组织。

　　迄今为止，投入网络中的流通业，完全没有考虑过这个问题，甚至不如说是抱着网络是一种新浪潮、试试看的心态开始的。所以即使站在个性化经营，或者网络和店铺合并了的角度，去批判他们也没有任何意义。

因此这不是批判，而是比较。在理解了这一点的基础上，我们将重新指出统一的店铺连锁型组织、个性化经营型组织的网络销售中的不同之处。

<正因为是个性化经营，平均值才很重要>

那么，统一的店铺连锁和个性化经营型连锁组织，以及网络销售的组织，它们的不同点在哪里呢？

有一个重要提示就是，"平均值"这一概念的出现。统一的店铺连锁的平均值，即企业的营业额根据店铺数量的平均分配。严格来说，即使是统一的店铺连锁，也不可避免每家店根据实际情况不同而不同。

但之所以用概括计算的方法将企业的营业额，按照店铺数量平均分配作为平均值，是因为店铺已经被统一了。这个粗略地说，就好像工厂有100台机器，某台制造加工机器的生产量，不会有太大差异。

那么可能有人误以为"个性化经营"跟平均值没有关系，其实并非如此。正因为是个性化经营，"平均值"对它来说比统一的店铺连锁还要重要。

个性化经营，每个店铺的成绩不一样，这是理所当然的，

图表⑩　店铺和网络的比较

分类	店铺	网络
购物模式	模拟的，包括全部的购物	数字化的部分选项的购物
购物目的	购物本身就是目的、乐趣，即看、闻、品尝、到手、问、说、试用、修改、讨论	购物只不过是手段、必须做的事情，即只需要点击鼠标的便利性，以及可以比较价格便宜与否
商品备货种类	从商品组合中购物 店铺库存有极限	以单品为中心的购物 可以长尾购物
商圈	因为有限所以可以进行单体管理	因为无限所以管理很困难
成本	店铺成本、店铺库存成本、店铺人工费成本等	跟店铺有关的所有成本都不需要
配送	从配送中心向店铺配送	从配送中心向个人住宅配送
课题	顾客和目标以及组织的创造	顾客固定化、成员化的促销

图表⑪　个性化经营、统一店铺连锁、网络的关系

	个性化经营	统一的店铺连锁	网络
店铺的意义	店铺不仅是接受订单的手段，还是需求创造、管理、人才培养的重要场所	店铺只不过是接受订单的手段，因此降低成本才是最大的课题（无人店铺是理想状态）	没有店铺（店铺成本为零）。网络对客户来说不过是下单手段，对企业来说只是接受订单的手段
商圈	在每个商圈中开拓更多的顾客（需求创造、提议）	仅是销售手段，店铺招揽顾客的可能范围（需要的仅是降低成本）	无论是大商圈还是小商圈都不存在（也不需要这方面的成本）
数值上的意义	根据组织的"平均值"实现 根据精通个性化经营的企业组织总体的技术力的提升，以及系统对单体店铺的支持，将每个店铺的实力和技术汇聚，从而达到技术"平均值"	即使店铺、商品备货种类是统一的，商圈也并不是统一的，因此多少会出现参差不齐，但它是从企业合计数值/店铺数得出来的"平均值"，即跟每台机器的生产量平均值是一样的	
和网络的关联	在个性化经营的基础上结合网络，在商圈中创造需求的可能性会变得更大	从便宜性、便利性以及成本上看，网络如果能够变得更加便利，实际上就是无人店铺	

这只是一般性的想法。确实现实中，这种可能性很大。不过正因为是个性化经营，才不能这样。单体店铺，必须接近平均值。

但个性化经营的平均值，并不是营业额按照店铺数量平均分配。应该用加法而不是用除法计算它的平均值。前面已经举出了工厂的例子，所以我们还是用工厂的例子来说明。

例如，轮岛涂公司的原材料是木制的，它的木制餐具是由工匠制作的，可以做到都是一样的厚度。但它不是靠机械自动制作而成，而是操作机械的有丰富经验的工匠，仅靠一双手就能把餐具做成一样的厚度。毫无疑问，这就是平均值。

他并没有把木制餐具用像机械那样的乘法去制作，而是一个一个通过加法制作而成。且这一个一个的，必须是一样的东西。这么考虑的话个性化经营的店长，就仿佛是餐具的工匠。

当然，这肯定是永远都无法实现的理想。正因为如此，每个店铺才要为了无限接近这个无法实现的平均值，像匠人磨炼手艺那样去努力。那么，这个跟网络销售有着什么关联呢？

<网络，成为了飞跃跨入截然不同新次元的契机>

第一，店铺可以用眼睛看到，网络却看不到。选项的制约以及商品脱销等，店铺里可以用眼睛看到，但是在网络上无法看到。而网络中被俘获的顾客，虽有不满也没有表现出来。这只能靠人们自己去识破、感受气氛。所以在这里必须有比店铺更加敏感的组织。

第二，网络购物，假设跟本书提议的一样，即使可以进行和店铺完全一样的购物，也无法像在店铺那样定期购物，缺乏规则性，所以预测很困难，要读懂数据的意义很困难。反过来说，这是多年培育出来的、每天都不一样的、发挥出各店经营组织的力量。

第三，在网路销售中，就像前面指出的超市失败的例子，会出现店铺不需要花费的成本（当然网络的话正好相反，不需要店铺、陈列器具、陈列等成本）。即使网络作为补充，这个成本也是一样的。商品的挑选、打包、配送等，即使是跟店铺一样的购物、一样的营业额，也需要成本。要做好这个只能靠组织的努力。

第四，比起其他，利用超过网络和店铺的手段，创造面向长尾的需求，将商圈里面的居民需求都挖掘出来，得到更大的满足，其结果就是争夺竞争对手店铺的营业额、客流量。

因此把什么东西、什么时候、以什么样的方式推荐更好呢，人们必须做出预测和提案。这也是组织的任务。

也就是说，将亚马逊做的个人对应的推荐、预告，不是以自动的方式去做，而是定期去做，比如以 5 家店铺为单位定期推送，精密地去做。

乍一看因为不需要组织才是它的优点的网络销售，这么考虑的话正相反，必须有更加细致周密的组织，正因为如此，才会创造更加强有力的组织。那么流通业挑战网络的原因，既不是单纯地因为它很流行，也不是因为它很新颖，而是因为对网络的挑战是流通业跨入截然不同的新次元的契机。

第 7 章

发挥出并购相乘效果的流通业"胜利"
超负荷并购的流通业"失败"

1 与其并购，不如单方面地收购

<美国的流通业，几乎没有收购其他公司 A 级连锁>

今后，流通业尤其是连锁业的并购会有所增加。可以说，没有什么比并购更能决定胜负的了。严格地说，并购的十之八九，都会带来负载效果。

在第 3 章中介绍了《家得宝》(岛田阳介翻译、钻石社 2000 年出版，绝版) 的主人公，即家得宝的创业者曾经断言"今后我们公司绝对不收购（其他公司），这是我们公司的铁定原则"，不过正是这个"家得宝"，在发展过程中还是收购了同行的企业，遭遇到了发展过程中停滞不前的痛苦。

事实上，很多业内人士都认为美国才是并购盛行的国家。至少在流通业连锁店方面，A 级流通业收购同行业公司，并取得积极效果的公司只有 Costco 一家。

销售额居于榜首的沃尔玛当然不用说了，连美国塔吉特公司（Target）、沃尔格林公司、克罗格公司（Kroger）、Publix 超市、GAP、西尔斯、杰西潘尼（J.C.Penney）等公司也是规模扩大以后，才收购了小型连锁店或不同行业的店铺，但从没收购过发展中的同行业公司。

唯一的例外就是百货商场。

百货商场的并购已经到了极限，目前虽然还有梅西百货、诺德斯特龙（Nordstrom）两家公司，而且梅西百货的部分店铺，比如布鲁明戴尔百货（Bloomingdale's）发展还算顺利，但大部分店铺在购物中心的发展不景气，勉强维持生存。

百货商场已经不再是购物中心的主流了。

因为美国的主流流通业并没有进行并购，所以美国才是值得参考的国家。

<美国并非并购，主要是收购的形式>

这里必须要追述一些内容。其一是美国的连锁组织是中央集权、以总部为中心的形式。为什么这点很重要，是因为中央集权型可以下达统一命令。美国的组织中，有严密的权限和责任。比如电影中经常会看到的一幕，在太空船、潜水艇等密闭空间，舰长和副舰长会为了责任和权限互相争论，而中央集权型组织不存在这样的争论问题。

其二是美国的并购是以 A 公司收购 B 公司的形式进行的。美国企业肯定会持有 51% 的股份，这是他们一直在意的地方。

因为持有51%的股份，说明公司是自己的，所以自己的公司就可以自由地管理了。

我在这里把"并购"和"收购"区分使用，估计认真的读者已经注意到了吧。事实上，美国比较流行的做法是A公司吞并B公司，即"收购"，而不是A公司和B公司友好地合为一体的"并购"。

至少美国流通业的并购比较少。为什么比较少，先说结论吧，主要有3个理由：①连锁店的店铺比较分散；②无论什么样的连锁店，其店铺都有一定的组织结构；③无论多么规划统一的店铺，也不能像机器零部件那样拆分，这也是并购时犹豫不决的原因。为什么会是这3个理由呢？

首先，无论多么规划统一的店铺，只要不是无人店铺，各个分散的店铺内就会有一定的组织。即使这些组织主要研究如何降低连锁店铺的成本，它也是一个组织，而且这些组织都是由员工组成的。

人是不可能成为机器、零部件的。在前面第5章中列举过一部著作《莱特战记》，《莱特战记》指出，在陆海战中，失败的不只是日本军队，还有美国的陆海军队和总统间的对立。

有组织的地方，对立就不会消失。电影里的太空船中，即使责任和权限已经很明确了，还是会有对立的矛盾。日本不是收购而是并购，很糟糕的是，这种并购并不是以很明显的形式进行的。

<自然发展，才会创造出真正的组织和企业文化>

这方面有什么教训呢？那就是最好考虑不进行"并购"也可以解决问题的办法。既不收购也不并购，会有以下优势。

其一，拓展以及发展店铺，都会很自然、顺畅地进行。顺畅自然地发展才会增强企业实力。可以综合考虑拓展店铺。财务、组织也不需要勉强为之。精品是需要花费功夫制作的，这一点不光是工匠们，我们自身也是心知肚明的。

其二，组织可以顺其自然地培育，培育即"培养"。毕竟不花费时间功夫就能"跳级"的人，只是极少数 IQ 极高的人。所以，普通人的培育是需要花费时间的。

更重要的是，这样培养出来的组织中，会自然而然地孕育出企业文化。组织的形式有可能勉强创造出来，而企业文化，即使想人为创造也是不可能的。这一点，和父母想要人为塑造孩子的性格却无法做到，是极为相似的。人事规定，不是用文字写出来的，而应该是自然而然产生的。

其三，商圈也是顺其自然地成长，才会自然地发展起来。突然间扩大商圈，跳出原有商圈，创造全新的商圈，都是不可能的。

其四，这一点既是原因也是结果，顺其自然成长起来的连锁店，肯定会成为业界的佼佼者。当然，很少有佼佼者一开始就是天才。随着连锁店的自然成长，才会培育出优秀的经营者。10 个店铺、100 个店铺、1000 个店铺的管理者，即使是同一个人，他们也会因时期不同而有所不同，确实，管理者自身是会有变化的。

组织要听从领导者的命令，组织论的人很单纯地相信这一点，但这并不是组织的规定。组织的运作不是靠权限，而是靠权威。自然地成长，才会培育出有权威的领导者。克服组织矛盾，把组织凝聚在一起，肯定需要有权威的领导者和理解领导者意图的干部们。

<不要畏惧销售规模，不要患上并购强迫症>

如题所述，无论并购还是收购，都极少会有得天独厚的条件。稍微疏忽就很难辨别清楚（是并购还是收购），或者说他们性质相同。银行、Costco 类的仓储型量贩，百货商场等扩大规模的确是有益处的，但同时并购后也存在问题。大多是因为组织不能顺利运转，这是由其组织本身所具有的性质决定的。

在尽量不要并购中提到的 5 个理由（参见第 4 章），也是说陷入疑似饱和状态的行业，会有患上并购强迫症的危险。

之所以这么说，是因为无论什么行业，只要并购，媒体就会无厘头地报道并购后两家企业的销售规模是否扩大，以及在业界的排名变动情况等。

对于媒体报道的这些，读了报道的流通业或是连锁店的经营者当事人，会过度关注销售规模扩大的意义。

他们会认为自家的销售规模小、店铺数量少、以后会有巨大的竞争对手，到时候短时期内无法应对。所以会患上并购强迫症，这就如同没有正确诊断出症状，而用了错误的治疗方法的医生。这是双重的误解。

后面还会阐述，很多人会过度评价销售规模。这里值得评价的是像 7-ELEVEn、沃尔玛这些企业，即使不并购也能创造出销售规模。过度评价销售规模是因为他们没有意识到销售规模只在一些限定的情况下才会起作用。

同样，即使用销售规模来评价的话，因为并购而导致销售规模缩小的情况，也是有限的，这一点他们没有意识到。还会认为并购带来的销售规模扩大是其他企业不具有的战略。此时，经营的当事人只看到并购的效果，并患上了重度的视野狭窄症。

<排名第二、第三的公司联合也会有危险>

换个话题，我们来回顾一下以往的并购案例。回顾时我们会发现并购的意义从某个时期发生了转变。用一句话概括，以前的并购是为了积极应对规模的扩大。

大家应该会从大荣、永旺（当时是佳世客）、麦凯乐的事例中得到启发。现在的永旺前身佳世客，是由3家连锁店合并形成的企业。

不过如今的并购，已经不再是积极的策略，而变成了收拾残局的策略。百货商场的各家合纵连横，大荣被永旺收购、永旺超市联合、药店联合等。

美国的1美元店排名第二、第三的企业合纵连横，是要阻止排名第一的企业持续领先的地位。艾柏森超市崩溃后的再次联合，无非就是收拾残局的策略。

那么积极扩大规模的策略和收拾残局的策略到底哪里不同呢？首先，前者的并购是处于差距较大的大规模企业还没有出现的时期，自身想要成为大型企业，即想成为龙头企业；而后者是处于行业内大规模连锁势头发展正盛的时期，旗下的企业采取的应对策略。

其次，前者在合并企业中，一定会由一个某方面气势比较强的作为领导者（比如佳世客的领导者就是冈田商店），后者则没有这样的领导者。

尤其是针对行业冠军进行联合的第二名、第三名企业，很多时候不管是第二名还是第三名，规模都差不多。即使第二名和第三名企业有差距，最关键的问题是第二名和第一名之间的差距。也就是说，第二名和第三名企业是都不具有行业领导力的企业间的合并。

比如 7-ELEVEn 就是处于领先地位的企业，而罗森和全家就是第二名、第三名的位置。当沃尔玛超越了凯马特时，凯马特可以选择第二名、第三名合纵连横的策略。不过即使它们连横在一起，也一定无法阻挡沃尔玛的领先势头。

<为什么单方面的收购比并购要好呢？>

这里的标题是个问题。需要注意收购和并购不是一回事。收购是指大型连锁店收购了比它小的连锁店 51% 的股份。

收购时，进行购买的公司存在，被收购的公司就消失了。其本质就是强者吞并弱者。前期为了扩大规模采取积极应对策略时，无论是表面形式还是内在形式，很多都是通过收购的形式进行的。公司的名字也只剩下进行收购的 A 公司的名字。

但是，后期作为收拾残局而采取的策略，无论是表面形式还是内在形式，事实上都是合并。一般情况下，大多是合并前的 A 公司、B 公司、C 公司的名字都消失了，变成了一个完全不同的公司名。

麦凯乐的前身"Nichii"就是这样的例子。麦凯乐最终被永旺收购了。永旺的前身佳世客虽然公司名字更新了，事实上是以冈田商店为主导的。只有初期的时候，感觉像南北朝更换。

但即使形式上实现了合并，也只是因为没有看到大企业的疑似饱和状态、行业的界限。而且，合并的企业共同之处就是都在做加法。他们都相信连锁理论。不过能做加法是因为至少对于组织的存在方式，各个公司没有反对意见。

反过来，我们以现在的例子看，如果罗森想卖给7-ELEVEn，7-ELEVEn应该不会接受。

不接受的原因与其说是大多商圈的店铺重复，不如说是两个公司对组织机构的思路不一样。这一点7-ELEVEn会很介意。

这里要说的是并购，并不是像工厂或机器那样，在A上添加B，就会有相乘的效果。组织之间不能相互融合，就不会有合并的效果。

当然，如果自己的公司靠自身实力扩大了规模，就没有担心融合的必要了。

2 比较并购的优势和劣势

<加大重量，举重选手变成 2 人，那么会举起双倍的杠铃吗?>

并购的第一大问题是组织。比如一个有 500 家店铺的 A 公司，400 家店铺的 B 公司，两家公司合并后变成 C 公司，C 公司的店铺数是 900 家。那么 C 公司所具有的组织机构是只有 500 家店铺的组织，或者是 400 家店铺的组织。只能由其中一方来负责运营 900 家店铺。

这就和举重的例子一样。一个能举起 50 公斤杠铃的选手，还有一个能举起 40 公斤杠铃的选手，那么就是在探讨二人合力能否举起目前为止从未举过的 90 公斤的杠铃。

自身公司发展而创建的规模，不存在这样的问题。他们是慢慢发力，最初有 100 家店铺，现在发展成 1000 家店铺，也就是很顺利就能举起 100 公斤的杠铃。

并购还有事态更加恶化的问题，那就是人事的平衡。这可以说是个形式，比如为了平衡，经营队伍里有 A 公司的 3 人，那么 B 公司也要出 3 人。

同时还必须考虑社长、专务理事、常务理事的平衡。这并不是开玩笑，真的是南北朝更换。而强者吞并弱者的收购，就不存在这样的问题。

比如结果是最终让负责 400 家店铺的组织负责人来负责 900 家店铺的运营，那么也未必顺利。当然虽说不顺利，也不能立刻变更人事，这也是并购比较痛苦的地方。人事变更也需要考虑平衡。

这样不满的情绪势必会蔓延。当然这种不满如果能够说出来还好，但并购的不满是说不出来的。

为什么说不出口呢？因为一旦说出来，那么不管是出身 A 公司的人，还是出身 B 公司的人，都会和谣言一起传开。

这些问题的根源，自不必说，是并购造成的。话虽如此，如今我也不能否定并购。

<合并会带来少数的幸福和多数的不幸?>

在前面提到过 1 美元店的人事更换问题，经营的高层全换成了大型连锁店出身的人，当然通过锻炼重新塑形的公司肯定要比平衡人事的公司好得多。考虑人事平衡的公司，也不可能做到这一点。

还有一个问题，就是商圈的重复或偏离。以前有过对连锁理论达成共识的时期，但目前不行。一方面是因为有跳出商圈的大型商场，另一方面是因为有邻近商圈的 24 小时店铺。

那么合并还是会出现平衡的问题。一个劲儿地剔除 A 公司的店铺，就会出现"怎么回事"这样的声音。即使解决了这些问题，还会有店铺规模不同、商圈不同的问题，很难调整。

自然会出现 A 公司的店铺 A 公司处理，B 公司的店铺 B 公司处理，这样令人汗颜的解决方式。当然，店铺经营也是原来的 A 公司、B 公司的人。企业风土人文当然不变，工作的规章制度也不变，这样的确感觉很舒服，那到底为什么要合并呢？

这样的话，就只是形式上的合并，和合并前实际上没有什么变化，变了的只有公司名字。

赞同的人也许不多，但是并购成功的组织体系里，并不是合并后两个公司的人都会幸福，而是和没合并前相比，多出了很多不幸的人，以及会出现不幸福的人，仅此而已。

其实听到这些，感觉很出乎意料的人，或许是还没有意识到，其实不想合并，却因不得已的苦衷而不得不合并。

那么扩大销售规模，到底带来了什么呢？

<可以降低自有品牌的成本>

通过上述解释，会有人怀疑用这种方法来扩大销售规模，到底是否有优势。

这个怀疑既是正确的，又是错误的。为什么说是错误的呢？因为扩大销售规模的确有以下优势。极端的说法，就是销售规模会成为价格交涉的资本。

扩大销售规模的优势就是在创造自有品牌时，和订货方的交涉资本增大了，最大的可能性就是可以用比目前更便宜的价格购进商品。

以前订货量少，不能订购的品种，现在也可以出自有品牌的商品了。降低自有品牌商品的进货成本价格，也许你会说这就足够了。

不管你是否有意识地要这样，至少可以说明我们公司已经在廉价销售方面取得了成效。通过销售规模来实现廉价销售，这对龙头企业的确是有利的。这也正好说明对于第二名、第三名企业，销售规模是必要条件，而非充分条件。

自有品牌进入廉价销售的竞争中，除了龙头企业，其他都会陷入某种窘境。为什么优先选择扩大销售规模的战略，是因为即使你没有意识到，接下来也需要并购或收购，别无其他出路。

廉价销售是指比对方卖得便宜。廉价销售竞争，没有一个绝对安全的目的地。

只要有竞争对手，就要重复并购，就要超越对方。最后像美国的沃尔玛那样，最终使与之相抗衡的折扣商场都消失。

沃尔玛使同行业低价销售的商场全军覆没，因为既然选择了这条路，即使在行进的路上有困难，也不能懈怠，也要努力。

<扩大企业规模的意义，过去和现在截然不同>

一旦把扩大销售规模作为目的而进行并购的企业，就只能把这个目的作为永远的目标前进，再也不能后退或转行。从扩大销售规模就是真正的强大的意义上来说，并没有错。

当然，认为这不是真正的强大这种迟疑的态度，也是对的，原因也是同样。谋求扩大销售规模，只要公司不是业界龙头，为了打保卫战就只能采取这样的策略。而且一旦选择了这条路，就不能走回头路。

以前，大荣、佳世客、麦凯乐等连锁店重复进行并购的重要目的也是扩大销售规模。所以回顾以往，扩大销售规模并不是只对一流企业有利。

首先是扩大销售规模的目的，最先意识到的是有大规模的"拦路虎"企业出现，之后才意识到同行业的竞争对手。

其次，当然也不是没有意识到竞争对手。第一名的企业也只是相对意义上的第一名。能够意识到竞争对手，是因为还没有看到终点。

拓展店铺、加大拓展店铺速度，加速并购，这样第三名的企业可能会成为第一名，也就是一种拔河的状态。

最后，无论哪家连锁店，当初都没有把店铺扩展到全国。因为当时日本第一的企业还没有出现，所以还有竞争的余地。

这个和目前这种为了具有廉价销售的竞争力，而立志扩大销售规模，并且去并购的情况是不同的。如今好多供应商都在避开那些特立独行地降价的连锁店，这是连锁店们所处的窘境。

<必须有领导者的存在>

那么连锁店们要避开上述窘境，即使多少有点勉强，也要毫无怨言地创造销售规模。这里说的窘境是指以下困难：①如果特立独行的话会对未来充满不安；②事到如今，即使进行并购，也不能成为业界的龙头；③如果立志要加入廉价销售的竞争中，就无法放弃扩大规模。

在理解了上述情况后，我们必须考虑该怎么做才能让并购成功。得到并购成功的方法、并购条件的说明，却不能得到真正的成功方法，对那些不想并购的企业来说，还是不采取并购为妙。这是我想追述的内容。

比如前面关于大荣、佳世客、麦凯乐等成功并购情况和条件的说明，是说他们缺乏这样的情况和条件，其后为了扩大销售规模所进行的并购是有危险的。

同样道理，前面介绍的快速扩大店铺进行并购的 1 美元店，对高层经营管理者进行大换血的事情，是说维护老式经营管理的企业会失败。

那么要并购成功的条件之一，就是前期并购中提到的，需要具有绝对领导地位的人（或店铺）存在。这是美国不进行并购，而要占有51%股份进行收购的理由。

这里说的具有绝对领导地位的人（或店铺）并不是仅指能够领导前期并购的某一类超人。因为合并的时候，可以不是创业初期的超人，比如工薪阶层出身的社长也可以，可以按照个人的意志重新构建新的组织。看看沃尔玛收购西友的例子，就一目了然了。

相反，看上去是对等的合并，但事实上其中有一家店铺具有绝对的优势，比如佳世客创立时的冈田店铺，冈田店铺就是实质上的领导者。

<对等的合并，更容易产生问题>

真正有问题的是对等的合并，此时平衡发挥作用，彼此迁就，所有事情都要在会议上决定。即便不是以扩大规模为目的，按照这种做法经营也不会顺畅。

比如银行、百货商场、24 小时店，并不会进行廉价销售。

也不是为了廉价销售而扩大规模。这种情况下，没有绝对领导优势的合并，会成为以后纠结的根源。

倒不如说为了廉价销售而进行的规模扩大，其中没有明确目标的地方，才是危险的地方。如果是为了廉价，那么谁都明白。那样即使是突然间造出来的合并后的组织，至少比较清楚行动的指针。

所以，不以廉价销售、扩大规模为目的的并购，才需要领导者。因为此时无论是A公司还是B公司，都会很自我地认为合并的目的就是更好地施行自己公司的方针。当然，意识到这些还好，危险的是未曾意识到。

如果是为了扩大规模，那么合并以前A公司、B公司的销售规模、店铺数量之差，无论是谁都看得很清楚。谁的规模大谁就有领导地位，这是毋庸置疑的。

可是如果不以扩大规模为目的，就不能简单比较了。比如A公司规模、店铺数略胜一筹，而B公司优秀人才多。A公司有一直支持的老客户，而B公司深受年轻人喜欢。这种情况下的合并，其组织容易变为"吴越同舟"。当然，也有可能有A公司、B公司各自的优势叠加，而出现相乘的效果。

<需要整合重复的商圈、店铺>

并购成功的第二个条件是整合①商圈②店铺的规模、形态。

最合适的例子是永旺，永旺的超市、（以后专业做超市的）大荣、几家超市连锁店、药店连锁的合并。举出这个例子并不是想多么伟大地去给永旺提建议。

举这个例子无非就是"他山之石"。首先，此时的永旺是有领导者的，所以才有凝聚力（但也有可能不是这样的）。

问题在于超市连锁店、药店连锁等，每个店铺都有其自身设定的商圈，都有其自身的店铺规模、形态。

如果营业额、店铺规模可以累加起来，那就只是资本形式的改变而已。刚刚举出的通过扩大销售规模提高自有品牌交涉能力的例子，是已经实现了的。合并后的连锁店的每家店铺，在合并以前就开始销售永旺的自有品牌产品了。

合并的连锁店彼此的商业势头，的确是相互覆盖的，商圈也是。如果保持原样，就没有合并的意义了。

什么时期不清楚，但总之必须进行重新整合。合并后连锁店铺间的商圈，比如东北和中国地区距离较远，即使店铺的规模、形态需要整合，也不会有这样的问题。

相反，合并后的两个公司只是资本状态改变，一直维持现状，时间就会付诸东流。

一定会有很多员工希望维持现状。那么到底为了什么而进行合并呢？如此看来，像永旺这样商圈重合反倒是件幸事。

<商圈的整合，首先需要进行组织机构的调整>

那么该如何进行商圈的整合呢？最重要的不是打开地图进行讨论。因为商圈的整合，并不是夺取阵营的游戏。

商圈的整合，事实上通过对合并后的所有连锁店铺的组织机构进行调整才能完成。这才是并购成功的第三个条件。实际上商圈、店铺规模、形态的整合并不是目的，而是结果。

包括永旺在内，如果不对所有合并后的连锁店的组织机构进行调整，那么并购就仅是资本整合，改变了资本形态而已。草草地做了表面文章，事实上什么变化都不会有。

永旺集团最好的选择是，成为中央集权、以总部为中心的组织，当然这不可能。即使永旺变成个性化经营，也是不可能的。

为什么可以断定不可能，大家看看第 5 章的个性化经营的实例八百幸超市，就会明白了。

7-ELEVEn 发展到今天的 2 万家店铺，是因为持续进行个性化经营，一家一家做加法拓展出来的。

也有其他便利店想要卖给 7-ELEVEn 吧。如果 7-ELEVEn 想要收购，肯定会很容易买到连锁店铺。尽管如此，7-ELEVEn 却不为所动，这是因为个性化经营的转型，店铺越多就越难。

如果是统一规划的连锁店铺，那么也许可以用"乘法"来增加店铺规模。个性化经营却只能用"加法"来增加店铺规模。

当然永旺集团的合并，也是 A 公司、B 公司、C 公司这样加起来的。那么如果合并的超市或者药店，统一整合成中央集权式的组织机构，就变成"乘法"了。这才是永旺集团一直贯彻执行的把工厂理论运用到流通业中的连锁理论的本质。

＜不能只做会议上决议的事情＞

合并成功的第四个条件是组织机构的统一。如果合并的各公司的组织机构是中央集权型当然好，如果合并的企业中有个性化经营的企业，那么合并后的企业组织机构就要以某种形式进行统一，否则没有合并的意义。在收购的情况下，没有这种担心，因为组织机构理所当然地由收购的企业进行统一。

所以合并有可能出现最糟糕的情况。那就是实质上的"合议庭制度"。因为无论什么样的"合议"，最后都只是折中的方案。用开会来决定事情说明没有责任人。即使会议能让所有人满意，也无非合并前的各企业的主张，或者是相互妥协的结果。谁都不想做自我牺牲，那么"合议庭制度"就变成了吴越同舟。

大部分会议，不论当事人是否意识到，利益关系有微妙差异的公司间，都会彼此墨守一条不成文的规定，那就是不插手人家企业的领域，那么形式上就是乘上了同一个公司的船而已。

说是"疯狂的会议"就是这个原因。决定性的结论总是要推迟，而会议不断延时。这是不能成为中央集权组织机构、只是"吴越同舟"的合并的最有力的证据。

这种情况下的合并，当事人中很多人心里都会想，要是能不合并当然不想合并。任何企业都会认为这是权宜之计。所以就尽可能采取合并以前的参与方式。

即使使用了相乘效果、协同效应等漂亮的词汇，也只是想取彼此的长处。那么合并就更没有必要了。"疯狂的会议"，是因为当事人没有感受到合并的必然性、紧迫性。

正因为不是收购而是并购，所以需要具有绝对优势的领导者。"合议庭制度"恰恰说明没有这样的领导者。

3 │ 并购的最大优势就是可以培育中层以下的员工

<正因为大荣被别人收购了，所以才有人抓住了机遇>

那么合并就没有好处了吗？并非如此。如果合并没有好处，我也没有必要写这一章节的内容了。

合并的好处之一不是对高层经营管理者，而是中层及以下的员工，以及后续录用的新员工。这里有个具体的例子。

当然我不会提名字，以前大荣收购了大型连锁店 A。A 公司的店长当然就成了大荣的员工。他最后被提拔为大荣的部长，甚至在大荣子公司社长的位置上荣休。

如果 A 公司没有被大荣收购，也许会破产。这名员工就会失业。进入哪个公司，在哪里工作，会左右人的一生。该员工正因为大荣收购了 A 公司，培养了他的能力和技术，才有机会施展。

大荣当初脱离产业重组机构时，媒体就曾发出疑问，脱离以后新大荣能否复活。当时答案只有一个，那就是大荣完全被永旺收购，撤掉大荣的牌子换成永旺的牌子，这是唯一的复活

图表⑫　并购和不并购的比较

	不并购	并购
组织结构	组织机构随着企业销售规模的扩大，自然而然地成长起来	组织机构并不具备管理合并后的企业规模。必须彻底强化中央集权制
人事	命令体系统一，人事管理也统一，不会产生问题	不同的命令，企业合并，人事管理需要调整。重视平衡的人事管理或者是保留原有组织，增加会议 比如：像1美元店那样更换所有高层经营管理者
经营队伍	经营队伍不变	更换现有的经营队伍，只是时间上的问题。平衡的人事是很危险的
商圈	自然规划，商圈＝店铺，会很顺利地进行规划	合并后的企业商圈，会有重复或偏离。重复时，需要重新整合。因此需要调整、整合商圈＝店铺中的重复、偏离以及纠正
店铺	店铺规模几乎统一	店铺规模一般不同，需要调整。需要根据不同的店铺规模，调整店铺组织，进行再教育
企业风土人文	企业风土人文、公司的风气、习惯，作为制度而存在	企业风土人文、公司的风气、习惯皆不相同，只能重新构建。不过企业风土人文不能人为地去创造
中层及以下的员工	—	很多时候，会给中层及以下员工带来很大希望。晋升的机会也会增加

318

策略。

因为支撑大荣的不是现在的高层经营管理队伍，而是中层及以下的员工。对于他们来说，是保留大荣的名字，还是进入永旺旗下，哪个更有希望？

经营是由员工来进行的。满怀希望的员工和充满着不安的员工，哪个更能拿出成果，不言而喻。至此，请读者再次回忆一下本书一直强调的要废除低级的精神主义、扔掉同情、摒弃陈旧的内容。

<中层及以下的员工如果不支持，就无法构建出组织机构>

前面也提到过痛苦的回忆，即"其实不合并也可以的话，真不想合并"。不过这只是目前高层经营管理者们的苦恼。员工并不会这么想。

这也只是高层经营管理者的问题。无论是否赞同，能够理解的人会站在高层管理者的立场。但员工们不会。

当然，经营是经营管理层考虑的事情。这里并不是要否定高层管理者所处的位置，以及他们的所思所想。

站在中层及以下员工的立场上想想，这不正是经营管理者应该做的吗？

因为这才是站在经营立场上考虑的事情。没有必要否定员工是执行经营的"手段"。既然是"手段"，就要发挥手段的作用。其机遇就是并购。

这样的组织，将来也会招聘到年轻有为的新员工。这样的组织，重新整合商圈探讨新店铺的存在方式时，会得到员工的双手赞成，员工也会为了成功而尽力。

那么就不会有合并以前的连锁店，就会出现新的企业风土人文。合并的优势之三就是提高企业资产价值。

"其实不合并也可以的话，真不想合并"，这无非是如果不合并，资产价值就会降低。

被收购，也就是说"卖得出去"。那么这要比卖不出去好得多。应该把合并认为是实现企业高价卖出的手段之一，即无论在哪里，企业都能高价卖出。这样才能成为被中层及以下员工支持的组织机构。

<自有品牌有利于廉价销售，这也是优势>

在本章的开篇就提到过，无论是并购的一方还是被并购的一方，都需要有共同的认识，这是其目的之一。并购可以说是个常识，即普遍的认识。

这个常识就是，只要并购，就可以扩大企业销售规模，扩大了规模就能提高价格交涉能力，价格交涉能力提高了，就可降低自有品牌成本的采购价格，就能在廉价销售中取得胜利。这是经营阵营的经典想法。

举个战国武将的例子，就会理解。武将就是经营阵营，经营的事情不应该让武将手下的小兵去做。

经营者喜欢阅读的无聊的历史小说，都是以武将为视点，所以他们才会爱读。

前面提到过《莱特战记》，这是稀有的真正的历史书，既不是批判日本军队的，也不是只写司令官的。这本书和经营也是有关系的。

不管是否赞同本书的观点，如果能够理解武将们的做法，那么正是不经意间站在了经营阵营的视角上考虑问题，当然这也是我们的心声。这或许是廉价销售自有品牌，通过并购扩大规模的最大优势吧。

把并购的唯一优势或者目的认为是提高成本价格交涉的资本是错误的，说到这里，可以理解了吧。并购的最大优势是产生新的组织机构。

当然，这种新的组织机构并不是个性化经营。最主要的是中央集权、以总部为中心的组织，如果没有中层及以下员工的支持，企业组织是不可能运转的。

产生了组织，通过组织就可以运转店铺。店铺运转起来，企业的资产价值就能提高。媒体一定会把并购时的股价升高或降低作为报道话题。然而，这不过是"吃瓜群众"对并购的谣传而已。

<提高企业资产价值是并购的目的>

并购当时的股价的评论，只是个话题而已。和经营没有任何关系。这就是媒体的工作，就好像他们会报道女演员们离婚的话题。

我们却不能因此就不正视经营问题。重要的是要看并购后的股价动向，才能对企业资产价值进行评价。企业的资产价值必须要高于并购前，高于并购当时。

从被收购的企业立场来看，因为卖出去了，证明自己是畅销的，还想卖出更高的价值。

之所以从正面肯定自身是畅销的，是因为想成为卖出更高价值的企业。当然选择了并购这条路，即使能高价卖出，也不能卖。因为一开始完全没有想卖出去。正因为进行了并购，才有了今天的成就。

并购的优势，只能花费时间，用自己的双手来计算。劣势会由于其他情况，如同乘法一样，瞬间出现。

或许大部分企业是因为进入了窘境才会并购。并购后想立刻计算优势也是有可能的。

降低自有品牌的成本进价，是做乘法可以立刻得到的效果。可以认为这是并购的最大优势。虽然组织机构不是个性化经营，但也可以一个一个地做加法去构建，这才是最大的优势，只是其当初没有意识到。事实上，并购后也不能立刻就形成组织机构，也未必能构建出组织机构。

这只不过是一种可能性。没有想要去做的动机就不可能做出来，这是决定合并成功与否的所谓组织的本质。

后 记

后记里需要说明三点，其一是感谢读者读完本书，其二是感谢鼓励我撰写此书的商业界编辑部部长清水俊夫，以及一直诚恳细致地为我校对的商业界出版部部长木村俊雄、同意出版本书的株式会社商业界。另外，给大家解释一下本书的书写文体。普通的经营书，都是用日语的"である"（简体）体来书写。但本书与该常识不同，以"です"（敬体）体和"である"体混合使用的形式。其原因是"である"体会有旁白、自言自语的感觉，而"です"体是和对面的人进行交流的感觉。

为什么选择和对面的人交流呢？这就是本书一直主张的"辩论"的形式。"辩论"，即挑战、讨论。那么挑战什么呢？流通业充满理念，我们要挑战这些理念。为什么会充满理念？是因为只要按照理念来就行，不用思考，比较轻松。

写完了，我感觉多少实现了这个目的。这里还要说明，本书并不是以创造理论为目的。本书力求符合逻辑，并没有创造出什么有价值的理论。

至少我自认为自己没有陷入老年人的自我防御中。我目前去创造理论还过于年轻，也不能进行"自我防御"。从我从事这份工作以来，一直不想有不自由的、无形的、麻烦的信念。很庆幸我有应变的能力，无论什么样的信念、理论，都要舍弃，都要进行反省。今后我还会继续随机应变。敬请期待！

2015 年夏

岛田阳介

译者简介

初相娟

初相娟，天津外国语大学日语学院国际商务系系主任，副教授，文学博士。天津外国语大学 MTI 硕士生导师。主要研究方向为日语语言文学、第二语言习得、日语教育学。出版专著《中国学习者日语动词谓语句的习得》，译著《100 种过度医疗大公开》。发表"基于数据统计的日语动词活用形习得研究""初级中国人日本語学習者のテ形習得"等多篇论文。参与国家社科立项 1 项，教育部人文社科立项 2 项，完成 1 项天津市教委项目、多项天津外国语大学校级项目。

"服务的细节" 系列

《卖得好的陈列》：日本"卖场设计第一人"永岛幸夫
定价：26.00 元

《为何顾客会在店里生气》：家电卖场销售人员必读
定价：26.00 元

《完全餐饮店》：一本旨在长期适用的餐饮店经营实务书
定价：32.00 元

《完全商品陈列 115 例》：畅销的陈列就是将消费心理可视化
定价：30.00 元

《让顾客爱上店铺 1——东急手创馆》：零售业的非一般热销秘诀
定价：29.00 元

《如何让顾客的不满产生利润》：重印 25 次之多的服务学经典著作
定价：29.00 元

《新川服务圣经——餐饮店员工必学的 52 条待客之道》：日本"服务之神"新川义弘亲授服务论
定价：23.00 元

《让顾客爱上店铺 2——三宅一生》：日本最著名奢侈品品牌、时尚设计与商业活动完美平衡的典范
定价：28.00 元

《摸过顾客的脚才能卖对鞋》：你所不知道的服务技巧，鞋子卖场销售的第一本书

定价：22.00 元

《繁荣店的问卷调查术》：成就服务业旺铺的问卷调查术

定价：26.00 元

《菜鸟餐饮店 30 天繁荣记》：帮助无数经营不善的店铺起死回生的日本餐饮第一顾问

定价：28.00 元

《最勾引顾客的招牌》：成功的招牌是最好的营销，好招牌分分钟替你召顾客！

定价：36.00 元

《会切西红柿，就能做餐饮》：没有比餐饮更好做的卖卖！ 饭店经营的"用户体验学"。

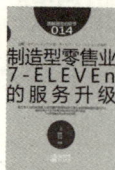

定价：28.00 元

《制造型零售业——7-ELEVEn 的服务升级》：看日本人如何将美国人经营破产的便利店打造为全球连锁便利店 NO.1！

定价：38.00 元

《店铺防盗》：7大步骤消灭外盗，11种方法杜绝内盗，最强大店铺防盗书！
定价：28.00元

《中小企业自媒体集客术》：教你玩转拉动型销售的7大自媒体集客工具，让顾客主动找上门！
定价：36.00元

《敢挑选顾客的店铺才能赚钱》：日本店铺招牌设计第一人亲授打造各行业旺铺的真实成功案例
定价：32.00元

《餐饮店投诉应对术》：日本23家顶级餐饮集团投诉应对标准手册，迄今为止最全面最权威最专业的餐饮业投诉应对书。
定价：28.00元

《大数据时代的社区小店》：大数据的小店实践先驱者、海尔电器的日本教练传授小店经营的数据之道
定价：28.00元

《线下体验店》：日本"体验式销售法"第一人教你如何赋予O2O最完美的着地！
定价：32.00元

《医患纠纷解决术》：日本医疗服务第一指导书，医院管理层、医疗一线人员必读书！ 医护专业入职必备！
定价：38.00 元

《迪士尼店长心法》：让迪士尼主题乐园里的餐饮店、零售店、酒店的服务成为公认第一的，不是硬件设施，而是店长的思维方式。
定价：28.00 元

《女装经营圣经》：上市一周就登上日本亚马逊畅销榜的女装成功经营学，中文版本终于面世！
定价：36.00 元

《医师接诊艺术》：2 秒速读患者表情，快速建立新赖关系！ 日本国宝级医生日野原重明先生重磅推荐！
定价：36.00 元

《超人气餐饮店促销大全》：图解型最完全实战型促销书，200 个历经检验的餐饮店促销成功案例，全方位深挖能让顾客进店的每一个突破点！
定价：46.80 元

《服务的初心》：服务的对象十人百样，服务的方式千变万化，唯有，初心不改！
定价：39.80 元

《最强导购成交术》：解决导购员最头疼的55个问题，快速提升成交率！
定价：36.00元

《帝国酒店——恰到好处的服务》：日本第一国宾馆的5秒钟魅力神话，据说每一位客人都想再来一次！
定价：33.00元

《餐饮店长如何带队伍》：解决餐饮店长头疼的问题——员工力！让团队帮你去赚钱！
定价：36.00元

《漫画餐饮店经营》：老板、店长、厨师必须直面的25个营业额下降、顾客流失的场景
定价：36.00元

《店铺服务体验师报告》：揭发你习以为常的待客漏洞 深挖你见怪不怪的服务死角 50个客户极致体验法则
定价：38.00元

《餐饮店超低风险运营策略》：致餐饮业有志创业者＆计划扩大规模的经营者＆与低迷经营苦战的管理者的最强支援书
定价：42.00元

《零售现场力》：全世界销售额第一名的三越伊势丹董事长经营思想之集大成，不仅仅是零售业，对整个服务业来说，现场力都是第一要素。

定价：38.00 元

《别人家的店为什么卖得好》：畅销商品、人气旺铺的销售秘密到底在哪里？ 到底应该怎么学？ 人人都能玩得转的超简明 MBA

定价：38.00 元

《顶级销售员做单训练》：世界超级销售员亲述做单心得，亲手培养出数千名优秀销售员！ 日文原版自出版后每月加印 3 次，销售人员做单必备。

定价：38.00 元

《店长手绘 POP 引流术》：专治"顾客门前走，就是不进门"，让你顾客盈门、营业额不断上涨的 POP 引流术！

定价：39.80 元

《不懂大数据，怎么做餐饮？》：餐饮店倒闭的最大原因就是"讨厌数据的糊涂账"经营模式。

定价：38.00 元

《零售店长就该这么干》：电商时代的实体店长自我变革。

定价：38.00 元

《生鲜超市工作手册蔬果篇》：海量图解日本生鲜超市先进管理技能

定价：38.00 元

《生鲜超市工作手册肉禽篇》：海量图解日本生鲜超市先进管理技能

定价：38.00 元

《生鲜超市工作手册水产篇》：海量图解日本生鲜超市先进管理技能

定价：38.00 元

《生鲜超市工作手册日配篇》：海量图解日本生鲜超市先进管理技能

定价：38.00 元

《生鲜超市工作手册副食调料篇》：海量图解日本生鲜超市先进管理技能

定价：48.00 元

《生鲜超市工作手册 POP 篇》：海量图解日本生鲜超市先进管理技能

定价：38.00 元

《日本新干线 7 分钟清扫奇迹》：我们的商品不是清扫，而是"旅途的回忆"

定价：39.80 元

《像顾客一样思考》：不懂你，又怎样搞定你？

定价：38.00 元

《好服务是设计出来的》：设计，是
对服务的思考
定价：38.00 元

《让头回客成为回头客》：回头客才
是企业持续盈利的基石
定价：38.00 元

《餐饮连锁这样做》：日本餐饮连锁
店经营指导第一人
定价：39.00 元

《养老院长的 12 堂管理辅导课》：
90%的养老院长管理烦恼在这里都能
找到答案
定价：39.80 元

《大数据时代的医疗革命》：不放过
每一个数据，不轻视每一个偶然
定价：38.00 元

《如何战胜竞争店》：在众多同类型
店铺中脱颖而出
定价：38.00 元

《这样打造一流卖场》：能让顾客快
乐购物的才是一流卖场
定价：38.00 元

《店长促销烦恼急救箱》：经营者、
店长、店员都必读的"经营学问书"
定价：38.00 元

《餐饮店爆品打造与集客法则》：迅速提高营业额的"五感菜品"与"集客步骤"
定价：58.00 元

《赚钱美发店的经营学问》：一本书全方位掌握一流美发店经营知识
定价：52.00 元

《新零售全渠道战略》：让顾客认识到"这家店真好，可以随时随地下单、取货"
定价：48.00 元

《良医有道：成为好医生的 100 个指路牌》：做医生，走经由"救治和帮助别人而使自己圆满"的道路
定价：58.00 元

《口腔诊所经营 88 法则》：引领数百家口腔诊所走向成功的日本口腔经营之神的策略
定价：45.00 元

《来自 2 万名店长的餐饮投诉应对术》：如何搞定世界上最挑剔的顾客
定价：48.00 元

《超市经营数据分析、管理指南》：来自日本的超市精细化管理实操读本
定价：60.00 元

《超市管理者现场工作指南》：来自日本的超市精细化管理实操读本
定价：60.00 元

《超市投诉现场应对指南》: 来自日本的超市精细化管理实操读本
定价: 60.00 元

《超市现场陈列与展示指南》
定价: 60.00 元

《向日本超市店长学习合法经营之道》
定价: 78.00 元

《让食品网店销售额增加 10 倍的技巧》
定价: 68.00 元

《让顾客不请自来! 卖场打造 84 法则》
定价: 68.00 元

《有趣就畅销! 商品陈列 99 法则》
定价: 68.00 元

《成为区域旺店第一步——竞争店调查》
定价: 68.00 元

《餐饮店如何打造获利菜单》
定价: 68.00 元

《日本家具 & 家居零售巨头 NITORI 的成功五原则》
定价： 58.00 元

《咖啡店卖的并不是咖啡》
定价： 68.00 元

《革新餐饮业态： 胡椒厨房创始人的突破之道》
定价： 58.00 元

《餐饮店简单改换门面， 就能增加新顾客》
定价： 68.00 元

《让 POP 会讲故事， 商品就能卖得好》
定价： 68.00 元

《经营自有品牌： 来自欧美市场的实践与调查》
定价： 78.00 元

《卖场数据化经营》
定价： 58.00 元

《超市店长工作术》
定价： 58.00 元

《习惯购买的力量》
定价：68.00 元

《7-ELEVEn 的订货力》
定价：58.00 元

《与零售巨头亚马逊共生》
定价：58.00 元

《下一代零售连锁的 7 个经营思路》
定价：68.00 元

《唤起感动：丽思卡尔顿酒店"不可
思议"的服务》
定价：58.00 元

更多本系列精品图书，敬请期待！

图字：01-2018-1188 号

RYUUTSUUGYOU NO "SENTAKU" © YOSUKE SHIMADA 2015

Originally published in Japan in 2015 by THE SHOGYOKAI PUBLISHING CO., LTD.

Simplified Chinese translation rights arranged through TOHAN CORPORATION, TOKYO,

and HANHE INTERNATIONAL (HK) CO., LTD.

中文简体字版专有权属东方出版社

图书在版编目（CIP）数据

下一代零售连锁的 7 个经营思路 /（日）岛田阳介 著；初相娟 译. —北京：东方出版
社，2019.2
（服务的细节；082）
ISBN 978-7-5207-0681-0

Ⅰ.①下… Ⅱ.①岛… ②初… Ⅲ.①零售业—商业经营 Ⅳ.①F713.32

中国版本图书馆 CIP 数据核字（2018）第 279195 号

服务的细节 082：下一代零售连锁的 7 个经营思路

（FUWU DE XIJIE 082：XIAYIDAI LINGSHOU LIANSUO DE 7 GE JINGYING SILU）

作　　者：［日］岛田阳介
译　　者：初相娟
责任编辑：崔雁行　高琛倩
出　　版：东方出版社
发　　行：人民东方出版传媒有限公司
地　　址：北京市东城区东四十条 113 号
邮　　编：100007
印　　刷：三河市中晟雅豪印务有限公司
版　　次：2019 年 2 月第 1 版
印　　次：2019 年 2 月第 1 次印刷
开　　本：880 毫米×1230 毫米　1/32
印　　张：10.875
字　　数：189 千字
书　　号：ISBN 978-7-5207-0681-0
定　　价：68.00 元
发行电话：(010) 85924663　85924644　85924641

版权所有，违者必究

如有印装质量问题，我社负责调换，请拨打电话：(010) 85924602　85924603